Bardia Khadjavi-Gontard
Der Grundsatz der Inländerbehandlung
im internationalen Urheberrecht

Schriftenreihe der UFITA **Heft 55**

Archiv für Urheber-, Film-, Funk- und Theaterrecht
Herausgegeben von Dr. jur. Georg Roeber, München

Der Grundsatz der Inländerbehandlung im internationalen Urheberrecht

Von

Dr. jur. Bardia Khadjavi-Gontard

Teheran

1977

J. Schweitzer Verlag · Berlin

CIP-Kurztitelaufnahme der Deutschen Bibliothek

Khadjavi-Gontard, Bardia
Der Grundsatz der Inländerbehandlung im internationalen Urheberrecht. –
1. Aufl. – Berlin: Schweitzer, 1977
(Schriftenreihe der UFITA; H. 55)
ISBN 3-8059-0464-9

Printed in Germany
Satz und Druck: Georg Wagner, Nördlingen.
Bindearbeiten: Mikolai, Berlin.

Meinem Vater Amir Mehdi Khadjavi
in Dankbarkeit und Verehrung gewidmet

Inhaltsverzeichnis

Abkürzungsverzeichnis

a. A.	anderer Ansicht
a.a.O.	am angegebenen Ort
abgedr.	abgedruckt
Abs.	Absatz
ALAI	Association Littéraire et Artistique Internationale
ALR	Allgemeines Landrecht für die Preußischen Staaten von 1794
Anm.	Anmerkung
Art.	Artikel
BB	Betriebsberater
Bd.	Band
BDI	Bundesverband der deutschen Industrie
BG	Schweizerisches Bundesgericht
BGB	Bürgerliches Gesetzbuch
BGBl.	Bundesgesetzblatt
BGE	Entscheidungen des Schweizerischen Bundesgerichts
BGHZ	Entscheidungen des Bundesgerichtshofs in Zivilsachen
BIRPI	Bureaux Internationaux Réunis pour la Protection de la Propriété Industrielle
BÜ	Berner Übereinkunft zum Schutz von Werken der Literatur und Kunst
bzw.	beziehungsweise
Copyright	Copyright (OMPI/BIRPI)
Copyright Bull.	Copyright Bulletin (UNESCO)
DB	Der Betrieb
DdA	Le droit d'auteur (OMPI/BIRPI)
ders.	derselbe
dies.	dieselben
Dir. Aut.	Il Diritto die Autore
Einl.	Einleitung
GEMA	Gesellschaft für musikalische Aufführungs- und mechanische Vervielfältigungsrechte
GRUR	Gewerblicher Rechtsschutz und Urheberrecht
GRUR Int.	Gewerblicher Rechtsschutz und Urheberrecht, Internationaler Teil
ibid.	ibidem
i. V.	in Verbindung
KUG	Gesetz betreffend das Urheberrecht an Werken der bildenden Künste und der Photographie
LUG	Gesetz betreffend das Urheberrecht an Werken der Literatur und der Tonkunst
Max-Planck-Institut	Max-Planck-Institut für ausländisches und internationales Patent-, Urheber- und Wettbewerbsrecht
n. F.	neue Fassung
NJW	Neue Juristische Wochenschrift
No.	Number
Nr.	Nummer
OLG	Oberlandesgericht
RabelsZ	Rabels Zeitschrift für ausländisches und internationales Privatrecht

RBÜ	Revidierte Berner Übereinkunft zum Schutz von Werken der Literatur und Kunst
RdZ	Randziffer
RGBl.	Reichsgesetzblatt
RG	Reichsgericht
RGZ	Entscheidungen des Reichsgerichts in Zivilsachen
RIDA	Revue internationale du droit d'auteur
RWUA	Revidiertes Welturheberrechtsabkommen
S.	Seite
u. a.	unter anderem
UFITA	Archiv für Urheber-, Film-, Funk- und Theaterrecht
UG	Gesetz über Urheberrecht und verwandte Schutzrechte (Urheberrechtsgesetz)
USPQ	United States Patents Quarterly
VG	Verwertungsgesellschaft
vgl.	vergleiche
Vol.	Volume
WahrnG	Gesetz über die Wahrnehmung von Urheberrechten und verwandten Schutzrechten (Wahrnehmungsgesetz)
WUA	Welturheberrechtsabkommen
ZfRV	Zeitschrift für Rechtsvergleichung
Ziff.	Ziffer

Literaturverzeichnis

I. Lehrbücher, Kommentare, Monographien

Allfeld, Philipp: Das Urheberrecht an Werken der Literatur und der Tonkunst, 2. Aufl., Berlin 1928.

Bappert, Walter und Egon *Wagner:* Internationales Urheberrecht, Kommentar, München etc. 1956 (zitiert: Bappert/Wagner, Internationales Urheberrecht).

Börsenverein des deutschen Buchhandels: Stellungnahme des – und der Verlegerverbände zur Regierungsvorlage eines Urheberrechtsgesetzes, Frankfurt 1963.

Bogsch, Arpad: The Law of Copyright under the Universal Convention, 3. Aufl., New York etc. 1968 (zitiert: Bogsch, Universal Convention).

Canyes-Colborn-Piazza: Copyright Protection in the Americas, 2. Aufl., Washington 1950 (zitiert: Canyes-Colborn-Piazza).

Dambach, Otto: Der deutsch-französische Literaturvertrag vom 19. April 1883, Berlin 1883.

Darras, Alicide: Du droit des auteurs et des artistes dans les rapports internationaux, Paris 1887.

Desbois, Henri: Le drot d'auteur en France, 2. Aufl., Paris 1966.

Delp, Ludwig: Die Kulturabgabe, München 1950.

Dungs, Hermann: Die Berner Übereinkunft über internationales Urheberrecht, Berlin 1910.

v. Gamm, Otto-Friedrich Frhr.: Urheberrechtsgesetz, Kommentar, München 1968 (zitiert: v. Gamm, Urheberrechtsgesetz).

Goldbaum, Wenzel: Berner Übereinkunft, Berlin 1928 (zitiert: Goldbaum, Berner Übereinkunft).

–, Convención de Washington sobre el derecho de autor en obras literarias, científicas y artisticas, Quito 1954 (zitiert: Goldbaum, Convención de Washington).

–, Welturheberrechtsabkommen, Kommentar, Berlin etc. 1956 (zitiert: Goldbaum, Welturheberrechtsabkommen).

Hitzig, Julius E.: Das königlich preußische Gesetz vom 11. 6. 1837 zum Schutz des Eigentums an Werken der Wissenschaft und Kunst gegen Nachdruck und Nachbildung, Berlin 1838.

Hoffmann, Willy: Die Berner Übereinkunft zum Schutze von Werken der Literatur und Kunst, Berlin 1935 (zitiert: Hoffmann, Berner Übereinkunft).

Hubmann, Heinrich, Urheber- und Verlagsrecht, 2. Aufl., München etc. 1966 (zitiert: Hubmann, Urheber- und Verlagsrecht).

Katzenberger, Paul, Das Folgerecht im deutschen und ausländischen Urheberrecht, Urheberrechtliche Abhandlungen des Max-Planck-Instituts für ausländisches und internationales Patent-, Urheber- und Wettbewerbsrecht, Heft 10, München 1970 (zitiert: Katzenberger, Das Folgerecht).

Ladas, Stephen: The International Protection of Literary and Artistic Property, Bd. I, New York etc. 1938 (zitiert: Ladas, Bd. I).

Majoros, Ferenc: Les arrangements bilateraux en matière de droit d'auteurs. Avant-propos de Gerhard Kegel, Paris 1971.

Max-Planck-Institut für ausländisches und internationales Patent-, Urheber- und Wettbewerbsrecht, The Domain Public in Germany, Legal Study, München 1968 (in Xerographie) (zitiert: Max-Planck-Institut, Legal Study).

Möhring, Philipp / *Schulze,* Erich / *Ulmer,* Eugen / *Zweigert,* Konrad: Quellen des Urheberrechts, Frankfurt a. M. etc. 1961 ff. (zitiert: Möhring-Schulze-Ulmer-Zweigert, Quellen des Urheberrechts).

Müller, Ernst: Das deutsche Urheber- und Verlagsrecht, Bd. I u. Bd. II, München 1901 bzw. 1907.
Oekonomidis, Demetrius, S.: Die Zitierfreiheit im Recht Deutschlands, Frankreichs, Großbritanniens und der Vereinigten Staaten, Schriftenreihe der Internationalen Gesellschaft für Urheberrechte e. V. Bd. 42, Berlin etc. 1970.
v. Orelli, Aloys: Der internationale Schutz des Urheberrechts, Hamburg, 1887.
Osterrieth, Albert: Geschichte des Urheberrechts in England, Leipzig 1895.
Pütter, Johann: Der Büchernachdruck nach ächten Grundsätzen des Rechts, Göttingen, 1774.
Röthlisberger, Ernst: Beiträge zum Urheberrecht, Festgabe für den XVII. internationalen literarischen und künstlerischen Kongreß in Dresden, Leipzig 1895 (zitiert: Röthlisberger, Beiträge zum Urheberrecht).
–, Die Berner Übereinkunft zum Schutze von Werken der Literatur und Kunst, Bern 1906 (zitiert: Röthlisberger, Berner Übereinkunft).
–, Die Revision der Berner Übereinkunft, Sonderdruck (ohne bibliographischen Angaben) (zitiert: Röthlisberger, Die Revision).
–, Der interne und der internationale Schutz des Urheberrechts in den Ländern des Erdballs, 4. gänzlich neu bearbeitete Auflage von Kurt Hillig und Georg Greuner, Leipzig 1931 (zitiert: Röthlisberger, Internationales Urheberrecht).
Saenger, August: Das Verhältnis der Berner Konvention zum innerstaatlichen Urheberrecht, Basel 1940.
de Sanctis, Valerio: La convenzione internazionale di Berna per la protezione delle opere litterarie et artistiche, Rom 1949.
Schulze, Erich: Kulturabgabe und Kulturfonds, Berlin etc., 1959 (zitiert: Schulze, Kulturabgabe und Kulturfonds).
–, Kommentar zum Gesetz betreffend das Urheberrecht an Werken der Literatur und der Tonkunst und zum Gesetz betreffend das Urheberrecht an Werken der bildenden Künste und der Photographie mit Internationalem Recht, Frankfurt etc. 1961 (Loseblatt-Ausgabe) (zitiert: Schulze, Urheberrechtsgesetz).
Seiller, Alfred: Österreichisches Urheberrecht, Wien etc. 1927.
Troller, Alois: Das internationale Privat- und Zivilprozeßrecht im gewerblichen Rechtsschutz und Urheberrecht, Basel 1952 (zitiert: Troller, Internationales Privat- und Zivilprozeßrecht).
–, Die mehrseitigen völkerrechtlichen Verträge im internationalen gewerblichen Rechtsschutz und Urheberrecht, Basel 1965 (zitiert: Troller, Die mehrseitigen völkerrechtlichen Verträge).
Ulmer, Eugen: Urheber- und Verlagsrecht, 2. Aufl., Berlin 1960 (zitiert: Ulmer, Urheber- und Verlagsrecht).
Ulmer, Eugen und Friedrich-Karl *Beier:* Die Stockholmer Konferenz für geistiges Eigentum 1967, Weinheim 1969 (zitiert: Ulmer, Stockholmer Konferenz 1967).
Wauwermans, Paul: La Convention de Berne (revisée à Berlin) pour la protection des œuvres littéraires et artistiques, Brüssel 1910.

II. Aufsätze, und Mitteilungen in Zeitschriften

Bappert, Walter und Egon *Wagner:* Das Verhältnis zwischen dem Welturheberrechtsabkommen, der Revidierten Berner Übereinkunft und den anderen zwischenstaatlichen Abkommen über das Urheberrecht, GRUR Int. 1956, 350 ff.
Baum, Alfred: Die revidierte Berner Übereinkunft und die günstigeren Landesgesetze, UFITA Bd. 3 (1930) 400 ff.
–, Die Brüsseler Konferenz der Revidierten Berner Übereinkunft, GRUR 1949, 1 ff.
Bergstrom, Svante: Schutzprinzipien der Berner Übereinkunft nach der Stockholmer-Pariser Fassung, GRUR Int. 1973, 238 ff.

Blake, John Sir: Bericht des Generalberichterstatters der Genfer Welturheberrechtskonferenz GRUR Int. 1953, 98 ff.

Bogsch, Aprad: La ratification, par les Etats-Unis d'Amérique, de la Convention universelle sur le droit d'auteur, DdA 1955, 63 ff.

Bolla, Plinio: A propos de l'article XIX de la Convention universelle sur le drout d'auteur, Copyright Bull. 1955, Vol. VIII, 84 ff.

Bonham-Carter, Victor: Outline on the Working Party Report on the Public Lending Right, The Author 1972, 68 ff.

Cohen Jehoram, Herman: Die Reform des niederländischen Urheberrechtsgesetzes, GRUR Int. 1974, 22 ff.

Desbois, Henri: La convention universelle de Genève et la convention de Berne, DdA 1955, 15 ff., 130 ff., 150 ff., 169 ff., 193 ff.

Dietz, Adolf: Büchereitantieme und Schriftstellerfonds im Ausland, GRUR Int. 1971, 301 ff.

–, Die sozialen Bestrebungen der Schriftsteller und Künstler und das Urheberrecht, GRUR 1971, 11 ff.

–, Gesetzliche Regelund und praktische Verwirklichung der Büchereitantieme, GRUR 1976, 289 ff.

Droz, Numa: Conférence diplomatique de Berne dans le but de constituer une union pour la protection des droits d'auteur, Journal de Droit International Privé et de la Jurisprudence Comparé, 1884, 440 ff.

v. Gamm, Otto-Friedrich, Frhr.: Die Pariser Revisionen der Revidierten Berner Übereinkunft und des Welturheberrechtsabkommens, NJW 1972, 2065 ff.

Gerbrandy, S.: La solution néerlandaise du problème des reprographies, DdA 1975, 47 ff.

Goldbaum, Wenzel: Lettre d'Amérique latine, DdA 1946, 91 ff.

–, Lettre d'Amérique latine, DdA 1948, 30 ff.

–, Lettre d'Amérique latine, DdA 1953, 78 ff.

–, Lateinamerikas urheberrechtliche Gesetzgebung. Eine rechtsvergleichende Darstellung, UFITA Bd. 27 (1959), S. 257 ff., 343 ff.

Heymann, Ernst: Das panamerikanische Urheberrecht und die Versuche seiner Einbeziehung in die Berner Übereinkunft, RabelsZ 1942, 18 ff.

Hirsch, Martin und Werner *Kleinmann:* Der Vergütungsanspruch bei Vervielfältigung zum gewerblichen Zweck, DB 1967, 671 ff.

Hoffmann, Willi: Das System der urheberrechtlichen Kollektivverträge, UFITA Bd. 8 (1935) S. 271 ff.

Hubmann, Heinrich: Kulturabgabe (Urhebernachfolgegebühr), GRUR 1958, 527 ff.

Janssen, Margarete: Soll für die Verwertung gemeinfreier Werke eine Vergütung gezahlt werden? UFITA Bd. 22 (1956) S. 324 ff.

Karnell, Gunnar: Die verschiedenen Fassungen der Berner Übereinkunft, GRUR Int. 1968, 25 ff.

Katzenberger, Paul: Wechsel der Anknüpfungspunkte im deutschen und internationalen Urheberrecht, GRUR Int. 1973, 274 ff.

–, Urheberrecht und Dokumentation, GRUR 1973, 629 ff.

–, Das Folgerecht in rechtsvergleichender Sicht, GRUR Int. 1973, 660 ff.

Khadjavi-Gontard, Bardia: Büchereitantieme und Schriftstellerfonds auch für ausländische Autoren?, in Gewerblicher Rechtsschutz, Urheberrecht, Wirtschaftsrecht, Mitarbeiterfestschrift E. Ulmer, Köln 1973, S. 89 ff.

Kolle, Gerd: Reprographie und Urheberrecht, GRUR Int. 1975, 201 ff.

Kreile, Reinhold: Probleme der Bibliotheksabgabe (Bericht anläßlich der CISAC-Tagung, Madrid 1974), veröffentlicht in INTERGU-Jahrbuch 1975, Band 3 der Internationalen Gesellschaft für Urheberrecht e. V., Wien 1976.

Mediger, Harald: Gedanken über Zweckmäßigkeit und rechtliche Möglichkeiten einer Urhebernachfolgegebühr, GRUR 1959, 269 ff.

Oekonomides,, Demetrius S.: Die Grenzen der Zitierfreiheit nach deutschem Recht. Unter besonderer Berücksichtigung der Rechtsprechung des Bundesgerichtshofs zum Fall Kandinsky, UFITA Bd. 57 (1970) 179 ff.

Ostertag, Fritz: La protection des disques étrangers en Suisse, DdA 1940, 41 ff.

Poirier, Pierre: Avant-Projet de Convention mondiale, unification des Conventions de Berne et de Washington, in Association 1946–1948, Paris 1949, 37 ff.

Reimer, Dietrich in: Die Stockholmer Konferenz für geistiges Eigentum 1967, Weinheim 1969 (zitiert: Reimer in: Stockholmer Konferenz 1967).

Samwer, Sigmar-Jürgen: Der neue Gesamtvertrag über die Vervielfältigung aus Zeitschriften zu gewerblichen Zwecken, BB 1970, 1029 ff.

Schiefler, Kurt: in: Die Stockholmer Konferenz für geistiges Eigentum 1967, Weinheim 1969 (zitiert: Schiefler in: Stockholmer Konferenz 1967).

Troller, Alois: Die Reziprozität im Brüsseler Text der Revidierten Berner Übereinkunft, GRUR Int. 1950, 276 ff.

–, Das Welturheberrechtsabkommen, RabelsZ 1954, 1 ff.

Ulmer, Eugen: Der Entwurf des Welturheberrechtsabkommens, GRUR Int. 1952, 16 ff.

–, Das Welturheberrechtsabkommen, Börsenblatt 1952, 437 ff.

–, Der Vergleich der Schutzfristen im Welturheberrechtsabkommen, GRUR Int. 1960, 57 ff.

–, Anknüpfungspunkte und Ursprungsland im System der Berner Übereinkunft zum Schutze von Werken der Literatur und Kunst, in Festschrift zum 50jährigen Bestehen des Instituts für ausländisches und internationales Privat- und Wirtschaftsrecht der Universität Heidelberg 1967, 57 ff. (zitiert: Ulmer, Anknüpfungspunkte)

–, Die Washingtoner Vorschläge für das internationale Urheberrecht, GRUR Int. 1969, 350 ff.

–, Die Revision der Urheberrechtskonventionen im Zeichen der Washingtoner Empfehlungen, GRUR Int. 1970, 167 ff.

–, Die Entwürfe für die Revision der Urheberrechtsabkommen, GRUR Int. 1970, 329 ff.

–, Die Revisionen der Urheberrechtsabkommen, GRUR Int. 1971, 423 ff.

–, Das Folgerecht und seine Qualifikation im internationalen Urheberrecht, RabelsZ Bd. 37 (1973), 499 ff.

–, Das Folgerecht im internationalen Urheberrecht, GRUR 1974, 593 ff.

–, Le Droit de Suite et sa Reglementation dans la Convention de Berne, Festschrift für Henri Desbois, Paris 1974, 89 ff. (zitiert: Ulmer, Festschrift für Desbois).

v. Ungern-Sternberg, Joachim: Die Wahrnehmungspflicht der Verwertungsgesellschaften und die Urheberrechtskonventionen, GRUR Int. 1973, 61 ff.

Vilbois, Jean: La Convention interaméricaine de Washington sur les droits d'auteurs d'œuvres littéraires, scientifiques et artisitques, in Association 1946–1948, Paris 1949, 19 ff.

Walter, Michael, Das Folgerecht im Recht der Berner Übereinkunft, ZfRV 1973, 110 ff.

III. Materialien

Actes de la Conférence internationale pour la protection des droits d'auteur réunie à Berne du 8 au 19 septembre 1884, Berne 1884 (zitiert: Actes de la Conférence de Berne 1884).

Actes de la 3me Conférence internationale pour la protection des œuvres littéraires et artistiques réunie à Berne du 6 au 9 septembre 1886, Berne 1886 (zitiert: Actes de la Conférence de Berne 1886).

Actes de la Conférence réunie à Berlin du 14 octobre au 14 novembre 1908 (zitiert: Actes de la Conférence de Berlin 1908).

Actes de la Conférence réunie à Rome du 7 mai au 2 juin 1928, Berne 1929 (zitiert: Actes de la Conférence de Rome 1928).

Documents de la Conférence réunie à Bruxelles du 2 au 26 juin 1948, Berne 1951 (zitiert: Actes de la Conférence de Bruxelles 1948).

Actes de la Conférence intergouvernementale do droit d'auteur Genève, 18 août au 6 septembre 1952, Zürich 1955 (zitiert: Actes de la Conférence de Genève).

Actes de la Conférence de Stockholm de la proprieté intellectuelle 11 juin au 14 juillet 1967, Vol. 1-2, Genève 1971 (zitiert: Actes de la Conférence de Stockholm).

Actes de la Conférence diplomatique de revision de la Convention de Berne (Paris, 5 au 24 juilett 1971), Genève 1974 (zitiert: Actes de la Conférence de Paris 1971).

Gesamtvertrag über die Erhebung der Bibliothekstantieme (»Bibliothekgroschen«) in: FITA Bd. 75 (1976) S. 174 ff.

Erster Teil: Die Grundlagen des Inländerbehandlungsgrundsatzes im internationalen Urheberrecht

Erstes Kapitel: Die Entwicklung des internationalen Urheberrechts vor Abschluß der multilateralen Konvention

§ 1. Der Urheberrechtsschutz unter besonderer Berücksichtigung der Stellung fremder Urheber bis zum Abschluß der zweiseitigen Urheberrechtsabkommen

a. Das Privilegienwesen

Das Recht des Urhebers an dem von ihm geschaffenen Werk hat in den Rechtsordnungen der Staaten erst sehr spät Anerkennung und gesetzliche Ausformung gefunden. Die Rechtssysteme der Antike bis hin zum Mittelalter haben kein Urheberrecht gekannt[1].

Erst der Beginn der Neuzeit brachte mit der Erfindung der Buchdruckkunst und dem damit verbundenen Aufschwung der Bücherherstellung und des Buchhandels die entscheidenden Änderungen.

Drucker und Verleger begehrten zur Sicherung ihrer mit der Herstellung und Verbreitung der Bücher verbundenen Aufwendungen Schutz gegen den Nachdruck. Gleichzeitig trat der Urheber im Zuge der Befreiung aus den mittelalterlichen klerikalen Fesseln und den geistigen Strömungen der Renaissance, des Humanismus und der Reformation verstärkt in das Blickfeld einer breiteren Öffentlichkeit.[2].

Die Fürsten und Magistrate der Städte, um die Verbreitung und Kontrolle der mit der Bücherherstellung befaßten Gewerbebetriebe sowie ihrer Erzeugnisse bemüht, gewährten in Anknüpfung an die alten Gewerbemonopole Privilegien gegen den Nachdruck[3].

Die anfangs den Druckern, später auch den Verlegern und Urhebern gewährten Privilegien finden sich Ende des 15. Jahrhunderts in Italien und seit dem beginnenden 16. Jahrhundert in Deutschland, Frankreich und England, wobei

---

[1] Vgl. *Ulmer*, Urheber- und Verlagsrecht, S. 47.

[2] Vgl. *Ulmer*, ibid. S. 48.

[3] Vgl. das 1469 dem Begründer der Buchdruckkunst in Venedig, Johannes von Speyer, seitens der Stadt verliehene Privileg für 5 Jahre das ausschließliche Recht zur Ausübung seiner Kunst, vgl. *Ulmer*, ibid. S. 48.

ab dem 16. Jahrhundert erstmals auch solche für Werke der bildenden Kunst, insbesondere für Stiche Dürers und Zeitbloms feststellbar sind.
Neben den Privilegien erscheinen Mitte des 16. Jahrhunderts erste gesetzliche Nachdruckverbote, die jedoch nur im Zusammenhang mit dem Privilegiensystem Schutz gewährten[4].
Die Erteilung der Privilegien beschränkte sich nicht auf die eigenen Untertanen, auch Fremden wurden sie gewährt, soweit Herstellung und Vertrieb im Herrschaftsgebiet des erteilenden Souveräns erfolgten. Eine Gewährung von Privilegien für im Ausland hergestellte oder erschienene Werke war jedoch unbekannt, ihr Nachdruck somit zulässig[5].
Die Einbeziehung im eigenen Territorium ansässiger ausländischer Drucker und Verleger in das Privilegienwesen entsprach der merkantilistischen Wirtschaftspolitik, für die es keinen Unterschied machte, ob das Gewerbeleben durch Ausländer oder eigene Untertanen gefördert wurde.
Der auf Grund der Privilegien gewährte Schutz gegen den Nachdruck war lückenhaft, den Druckern, Verlegern oder Urhebern standen in den meisten Fällen keine wirksamen Rechtsmittel gegen den verbreiteten Nachdruck ihrer Werke zu. Die Gewährung der Privilegien war die Ausnahme, der bedenkenlose Nachdruck dagegen die Regel[6].

b. Die Anfänge der gesetzlichen Anerkennung des Urheberrechts

Eine wirkliche Verbesserung der Lage der Urheber bewirkte erst die sich im Zuge der Verbreitung der Idee von geistigem Eigentum Anfang des 18. Jahrhunderts anbahnende gesetzliche Anerkennung des Urheberrechts, mit der schrittweise der Boden des Privilegiensystems verlassen wurde[7].
Erste gesetzliche Anerkennung fand das Recht des Urhebers an seinem Werk in England. In einem Gesetz von 1709 (Act 8 Anne c. 19) wurde dem Urheber eines Schriftwerkes für die Dauer von 14 Jahren ab der Veröffentlichung des Werkes das ausschließliche Recht zur Drucklegung gewährt[8]. Eine ausdrückliche Regelung der Rechte ausländischer Urheber enthielt dieses Gesetz jedoch nicht[9].
Weitergehend war demgegenüber die französische Gesetzgebung der Revolutionszeit, die in den Gesetzen von 1791 und 1793 die bis dahin bestehenden Privilegien abschaffte und auf der vor allem von *d'Héricourt, Diderot* und *Voltaire* vertretenen Lehre vom geistigen Eigentum aufbauend, die propriété

---

[4] Vgl. nähere Hinweise auf Nachdruckverbote in Basel (1531), kaiserliches Mandat (1685) und kursächsische Verordnung (1686), bei *Ulmer*, ibid. S. 49.
[5] Vgl. *Darras*, S. 170 ff., 173, 177, 187.
[6] Vgl. *Hitzig*, S. 2.
[7] Vgl. *Pütter*, Der Büchernachdruck nach echten Grundsätzen des Rechts, Göttingen 1774 (zitiert nach Ulmer, Urheber- und Verlagsrecht, S. 50).
[8] Vgl. *Osterrieht*, Geschichte des Urheberrechts in England, S. 116 ff.
[9] Vgl. *Darras*, S. 187.

littéraire et artistique für die Lebensdauer des Urhebers sowie einer Schutzfrist von 10 Jahren nach dessen Tod anerkannte[10].
Diese Rechte sollten erstmals auch ausländischen Urhebern in gleicher Weise zugutekommen, da diese dem „Citoyen" zustanden, worunter nach der Auffassung der Gesetzgeber der Revolution jeder Mensch, unabhängig von seiner Nationalität, gehörte.
Die Anwendung dieser weitherzigen Regelung führte jedoch nicht zu einer umfassenden Einbeziehung ausländischer Urheber in den Schutzbereich des Urhebergesetzes, sondern beschränkte sich auf die Gleichstellung von Ausländern, deren Werke erstmals in Frankreich erschienen waren[11].
Durch das Dekret vom 28./30. März 1852 wurde sodann der französische Urheberrechtsschutz insoweit auch auf die zuerst im Ausland veröffentlichten Werke ausländischer Urheber erstreckt, als der Nachdruck und die Nachbildung von im Ausland veröffentlichten Werken auf französischem Boden für strafbar erklärt wurde[12].
In Deutschland konnte sich, nachdem noch das kursächsische Mandat von 1773 den Urheberrechtsschutz vom Bestehen der Privilegien bzw. Eintragung in ein bei der Bücherkommission in Leipzig geführtes Protokoll abhängig machte, auch das preußische ALR von 1794 hinsichtlich des Schutzes der Urheber noch nicht völlig von dem überkommenen Privilegiensystem lösen[13].
Der Übergang von dem auf Privilegien beruhenden Verlagsrecht zum Urheberrecht des Verfassers erfolgte somit erst durch das preußische Gesetz von 1837[14], das im Gegensatz zum preußischen ALR klar auf dem Gedanken des Urheberrechtsschutzes aufbaute[15].
Bei der Regelung des Schutzes ausländischer Verleger beschränkte sich das ALR auf eine Bestimmung über Repressalien[16], während das Gesetz von 1837

---

[10] Vgl. *Ulmer*, Urheber- und Verlagsrecht, S. 52.
[11] Vgl. *Darras*, S. 221 ff., 225.
[12] Vgl. *Möhring/Schulze/Ulmer/Zweigert*, Quellen des Urheberrechts, Bd. I, Frankreich, S. 2.
[13] Vgl. *Ulmer*, Urheber- und Verlagsrecht, S. 53 f.
[14] Gesetz zum Schutz des Eigentums an Werken der Wissenschaft und Kunst gegen Nachdruck und Nachbildung vom 11. Juni 1837.
[15] Eine Übernahme der in dem Gesetz von 1837 enthaltenen Gedanken in die Rechtsordnungen der übrigen Staaten des deutschen Bundes erfolgte auf Grund des in der Bundesversammlung von 1837 gefaßten Beschlusses, der den Bundesländern eine zehnjährige Schutzfrist seit dem Erscheinen des Werkes zur Pflicht machte. Diese Frist wurde durch Beschluß von 1845 auf 30 Jahre nach dem Tod des Urhebers verlängert. Mit der Durchführung dieser Beschlüsse durch die einzelnen Länder in den folgenden Jahren kam es auch in Deutschland zu einem allgemeinen Urheberrechtsschutz.
Vgl. Hubmann, Urheber- und Verlagsrecht, S. 18.
[16] Art. 1033 hatte folgenden Wortlaut:
„Insofern auswärtige Staaten den Nachdruck zum Schaden hiesiger Verleger gestatten, soll letzteren gegen die Verleger in jenem Staat ein gleiches erlaubt sein"; *Hitzig*, S. 4 f.,

den Schutz von im Ausland erschienenen Werken von einer Reziprozitätsregelung abhängig machte[17].

§ 2. Die Bemühungen um die Verbesserung des Schutzes fremder Urheber auf Grund bilateraler Abkommen

a. Die Rechtlosigkeit fremder Urheber

Während die gesetzliche Anerkennung des Urheberrechts in einer Reihe europäischer Staaten mit Ende des 18. Jahrhunderts zu einer entscheidenden Verbesserung der Stellung der einheimischen Urheber führte, waren ausländische Urheber, insbesondere hinsichtlich ihrer außerhalb des Schutzlandes veröffentlichten Werke, in der Regel uneingeschränkt dem Nachdruck ausgesetzt.

Erste Bemühungen um eine Verbesserung der Rechte fremder Urheber lassen sich bei *Pütter*[18] feststellen, der darauf hinwies, daß es, „vom Blickwinkel der Moral aus gesehen, keinen Unterschied mache, ob ein Werk eines einheimischen oder ausländischen Urhebers nachgedruckt wird"[19].

b. Das napoleonische Dekret vom 19. Juni 1811

Eine erste internationale Regelung urheberrechtlicher Belange erfolgte im Verhältnis Frankreich-Italien durch ein kaiserliches Dekret vom 19. Juni 1811, in dem die gegenseitige Gleichstellung italienischer und französischer Autoren sowie ihrer Erben mit den Inländern für das gesamte Gebiet des französischen Empires sowie des Königreiches Italien verfügt wurde[20].

c. Die Urheberrechtsabkommen im deutschen Bund (1827 bis 1829)

Vertragliche Vereinbarungen zum Schutze fremder Urheber zwischen Staaten sind erstmals im Rahmen des deutschen Bundes feststellbar.

---

der aufschlußreich hierzu darauf hinweist, daß ihm kein Fall bekanntgeworden sei, in dem ein preußischer Buchhändler von diesem Recht der Retorsion Gebrauch gemacht hat.

[17] § 28 hatte folgenden Wortlaut:
„Auf die in einem fremden Staat erschienenen Werke soll dieses Gesetz in dem Maße Anwendung finden, als die in demselben festgestellten Rechte den in unserem Lande erschienenen Werke durch die Gesetze dieses Staates ebenfalls gewährt werden."

[18] *Pütter*, aaO., 3, Fußn. 7.

[19] Vgl. auch Hinweise bei *Darras*, S. 181; *Ulmer*, Urheber- und Verlagsrecht, S. 50.

[20] Art. 2 hatte folgenden Wortlaut:
„Les auteurs français et italiens, ainsi que les héritiers des uns et des autres, jouiront réciproquement comme s'ils étaient nationaux dans toute l'étendue de notre empire et du royaume d'Italie, des droits d'auteurs assurés par . . .", zitiert nach *Darras*, S. 190.

Ausgehend von Art. 18 der deutschen Bundesakte vom 8. Juni 1815[21], entschloß sich Preußen, nachdem eine Verständigung über den Erlaß gleichförmiger Regelungen zum Schutze der Urheber und Verleger mit den anderen Bundesstaaten nicht erzielt werden konnte, außerhalb der Bundesversammlung mittels Verträgen eine Verbesserung der innerdeutschen Urheberrechtsverhältnisse herbeizuführen.
Dem ersten Vertrag mit dem Königreich Hannover vom Mai 1827 folgten bis 1829 insgesamt 32 Übereinkommen, in denen die Unterscheidung zwischen den einheimischen Urhebern und denen des jeweiligen Vertragsstaates fallengelassen wurde[22].
Die in den Abkommen enthaltene Gleichstellung der fremden Urheber mit den einheimischen erfolgte im Hinblick auf die von den Bundesstaaten gerade eingeführten Nachdruckverbote sowie des auf Grund der Privilegien gewährten innerstaatlichen Schutzes, die zunächst eine ausreichende Grundlage für den gegenseitigen Schutz gewährten[23] [24].
Während auf diese Weise innerhalb des deutschen Staatenbundes eine schrittweise Verbesserung der Rechtsstellung inländischer Urheber und Verleger sich anbahnte, blieb die Entwicklung im Verkehr mit den übrigen europäischen Staaten zurück.

d. Die Urheberrechtsabkommen vor Abschluß der multilateralen Konvention (1840 bis 1883)

Erst mit dem Abkommen zwischen Österreich und Sardinien vom 22. Mai 1840, dem ersten eigentlichen internationalen Urheberschutzvertrag, beginnt die Reihe der Urheberrechtsabkommen, mit denen der überwiegende Teil der europäischen Staaten im Laufe der darauffolgenden Jahre den gegenseitigen Urheberrechtsschutz auf eine neue Grundlage stellte[25] [26].

---

[21] Der maßgebende Teil von Art. 18 hatte folgenden Wortlaut:
„. . . , daß die Bundesversammlung sich bei ihrer ersten Zusammenkunft mit der Abfassung gleichförmiger Verfügungen über die Sicherstellung der Rechte der Schriftsteller und Verleger beschäftigen wolle . . .“, zitiert nach *Hitzig*, S. 22; vgl. auch *v. Orelli*, S. 13.

[22] Vgl. *Hitzig*, S. 25.

[23] Vgl. *Hitzig*, S. 22.

[24] Das Vorgehen Preußens hatte zur Folge, daß die Bundesversammlung am 6. September 1832 einen Beschluß faßte, wonach bei der Anwendung der gesetzlichen Vorschriften und Maßregeln wider den Nachdruck die Unterscheidung zwischen den eigenen Untertanen und den anderen Bundesstaaten fallen zu lassen sei. Vgl. *Hitzig*, S. 27; *Darras*, S. 194; *v. Orelli*, S. 13; *Ulmer*, Urheber- und Verlagsrecht, S. 54.

[25] Vgl. *Röthlisberger*, Berner Übereinkunft, S. 3; *Ladas*, Bd. I, S. 44.

[26] In der Zeit bis zum Abschluß der Berner Übereinkunft, im Jahre 1886, wurden zwischen den einzelnen Staaten mehr als 100 Abkommen, Erklärungen und Vereinbarungen, von denen viele mehrmals durch neue Vereinbarungen ersetzt oder ergänzt wurden, mit dem Ziel der Verbesserung des gegenseitigen Urheberrechtsschutzes abgeschlossen; vgl. *Ladas*, Bd. I, S. 47 ff.

So schlossen insbesondere die deutschen Staaten in den Jahren 1846 und 1847 Abkommen mit England und nach dem Inkrafttreten des neuen französischen Urheberrechtsgesetzes von 1852 auch mit Frankreich, die – soweit sie nicht in Zusatzartikeln in Handelsverträgen enthalten waren – regelmäßig die Bezeichnung führten: „Convention pour la garantie réciproque de la propriété des œuvres d'esprit et d'art" oder „Convention pour la protection de la propriété scientifique, littéraire et artistique"[27].

Der durch diese Abkommen vorgesehene Schutz gründete sich vornehmlich auf der gegenseitigen Verpflichtung zur Gewährung der Inländerbehandlung[29], wobei in einzelnen Fällen sich die Regelungen auf die bloße gegenseitige Gewährung der Inländerbehandlung beschränkten.

Der überwiegende Teil der Abkommen enthielt jedoch darüber hinaus zusätzliche Bestimmungen, insbesondere über die zu schützenden Personen und Werke, besondere zu gewährende Rechte, erforderliche Formalitäten, die Schutzdauer und Ähnliches[30].

Die in diesen Abkommen vorgesehene Inländerbehandlung kam dabei in den verschiedensten Gestaltungen zum Ausdruck. Während etwa in dem Übereinkommen zwischen Frankreich und Schweden/Norwegen nichts weiter bestimmt war, als gegenseitige „Inländerbehandlung in Bezug auf literarisches und künstlerisches Eigentum"[31], sahen demgegenüber etwa die von Großbritannien abgeschlossenen Abkommen vor, „daß ein in einem Vertragsstaat veröffentlichtes Werk in dem jeweiligen anderen Vertragsstaat mit denselben Rechtsmitteln gegen unberechtigten Nachdruck und Wiederveröffentlichung, wie ein erstmals dort veröffentlichten Werk" geschützt sein sollte[32].

Von Holland mit Belgien und Frankreich geschlossene Verträge bestimmten die Inländerbehandlung demgegenüber in der Weise, daß Urheber, die Urheberrechtsschutz in ihrem Heimatland genießen, „einen solchen Schutz im Gebiet des anderen Staates . . . in dem Umfang in Anspruch nehmen können, in dem dieser Schutz Urhebern von Werken gleicher Art, die dort zum ersten Mal veröffentlicht sind, gewährt wird"[33].

Literarverträge des Deutschen Reichs mit Belgien, Frankreich und Italien enthielten den Inländerbehandlungsgrundsatz regelmäßig in der Form, wie er in Art. 1 des deutsch-französischen Literarvertrages vom 19. April 1883 enthalten war.

---

27 Vgl. *Röthlisberger*, Berner Übereinkunft, S. 3; *Ladas*, Bd. I, S. 45 f.

28 Vgl. zu den Urheberrechtsabkommen, die in Anlehnung an die Regelung der Handelsverträge ihren Schutz auf der Meistbegünstigungsklausel aufbauten, *Ladas*, Bd. I, S. 66.

29 Vgl. *v. Orelli*, S. 15 f.

30 Vgl. *Ladas*, Bd. I, S. 51.

31 Vgl. *Ladas*, Bd. I, S. 51 F. 57.

32 So die Verträge mit Preußen (1846); Frankreich (1851); Belgien (1854); Sardinien (1860) und Spanien (1880); vgl. dazu ausführlich *Ladas*, Bd. I, S. 57.

33 Vgl. *Ladas*, Bd. I, S. 57.

Danach sollten sich die Urheber von Werken der Literatur und Kunst, „gleichviel, ob diese Werke veröffentlicht sind oder nicht, in jedem der beiden Länder gegenseitig der Vorteile zu erfreuen haben, welche daselbst zum Schutze von Werken der Literatur und Kunst gesetzlich eingeräumt sind oder eingeräumt werden".

Darüber hinaus sollten sie „daselbst denselben Schutz und dieselbe Rechtshülfe gegen jede Beeinträchtigung ihrer Rechte genießen, als wenn diese Beeinträchtigung gegen inländische Urheber begangen wäre"[34].

Die in den Literarverträgen enthaltene Schutzgewährung beschränkte sich jedoch in den meisten Fällen nicht auf die bloße Festlegung der Verpflichtung zur Inländerbehandlung, sondern enthielt darüber hinaus die Bestimmung, daß die auf Grund der Abkommen im Schutzland zu gewährenden Rechte nicht über diejenigen hinausgehen könnten, die dem Urheber in seinem Heimatland zustanden[35].

So bestimmten etwa die Abkommen Spaniens mit Frankreich und Portugal von 1880, daß die in einem der Vertragsstaaten geschützten Urheber in dem anderen Staat „in Übereinstimmung mit der Gesetzgebung dieses Staates entsprechende Rechte genießen sollen und die Erlaubnis haben sollen, diese in derselben Weise und unter denselben Bedingungen wie die Inländer durchzusetzen"[36].

In anderen Fällen wurde dieser Einschränkung in der Form Rechnung getragen, daß nur solche Werke geschützt werden sollten, „denen das Recht eines der Vertragsstaaten den Urheberrechtsschutz gewährt"[37].

Eine eigenartige Verbindung enthielt insbesondere der Vertrag zwischen Spanien und Belgien von 1880, wonach belgischen Urhebern in Spanien diejenigen Rechte gewährt wurden, die ihnen nach belgischem Recht zustanden, während die spanischen Urheber in Belgien in den Genuß derjenigen Rechte kommen sollten, die die belgische Gesetzgebung den Inländern gewährte[38].

Darüber hinaus waren in den meisten Abkommen materielle Reziprozitätsbestimmungen als ergänzende Schutzbestimmungen verwirklicht.

Der deutsch-französische Literarvertrag von 1883 etwa sah in Art. 1 Abs. 2 vor, daß die auf Grund der Inländerbehandlung zu gewährenden Vorteile den geschützten Urheber „jedoch gegenseitig nur solange zustehen, als ihre Rechte in dem Ursprungsland in Kraft sind, und sollen in dem anderen Lande nicht über die Frist hinaus dauern, welche daselbst den inländischen Urhebern gesetzlich eingeräumt ist"[39].

---

[34] Vgl. *Dambach*, S. 1 ff.; *Müller*, Bd. I, S. 241 ff., Bd. II, S. 269 ff.
[35] Vgl. *Ladas*, Bd. I, S. 57.
[36] Vgl. *Ladas*, Bd. I, S. 57.
[37] Vgl. *Ladas*, Bd. I, S. 58.
[38] Vgl. *Ladas*, Bd. I, S. 58.
[39] Vgl. *Dambach*, S. 2; *Müller*, Bd. I, S. 242 und Bd. II, S. 270.

Über den durch die Inländerbehandlung sowie die Berücksichtigung des Rechts des Heimatlandes gewährten Schutz hinausgehend, sahen einige Abkommen zusätzlich besondere materielle Schutzbestimmungen vor, die den geschützten Urhebern durch Bestimmungen wie: „Die Urheber genießen die durch die Konvention vorgesehenen Rechte sowie ..." oder „soweit die Konvention nichts anderes bestimmt, genießen ..." zugewiesen wurden[40].
Damit lassen sich bereits in den ersten bilateralen urheberrechtlichen Staatsverträgen drei für die Schutzgewährung maßgebliche Prinzipien feststellen, die bis heute mehr oder minder ihre Bedeutung für den internationalen Urheberrechtsschutz beibehalten haben.
Ausgehend von den nationalen Rechtsordnungen der Schutzländer werden die vertragsgeschützten fremden Urheber gegenseitig auf Grund der Verpflichtung zur Inländerbehandlung den inländischen Urhebern grundsätzlich gleichgestellt.
Diese Gleichstellung erfolgt jedoch regelmäßig unter der Einschränkung, daß der auf Grund der Inländerbehandlung zu gewährende Schutz insofern von dem im Heimatland des Urhebers bestehenden Schutz abhängig ist, als dieser dort hinsichtlich Art und Umfang nicht im Vergleich zu dem im Schutzland vorgesehenen zurückstehen darf, der Urheber bei unterschiedlichem Schutzniveau daher immer nur Anspruch auf den geringeren Schutz hat[41].
Das Prinzip, auf welches sich diese Art von Verträgen stützte, war jenes, daß kein Werk in einem anderen Lande einen ausgedehnteren Schutz in Anspruch nehmen konnte, als es im eigenen Lande hatte.
Bei unterschiedlichen gesetzlichen Regelungen in den Vertragsstaaten mußte somit stets an der inneren Gesetzgebung des Heimatlandes des Werkes gemessen werden, welche Rechte das jeweilige fremde Werk im Schutzland beanspruchen konnte, damit es dort keine größeren Rechte in Anspruch nahm als im Ursprungsland.
Eine Erweiterung des durch die nationalen Rechtsordnungen vorgesehenen Rechtsschutzes erfolgte insoweit, als die Abkommen eigene materiellrechtliche Vorschriften zum Schutze der Urheber enthielten und diese den vertragsgeschützten fremden Urhebern ohne Rücksicht auf die nationalen Rechtsordnungen zugebilligt wurden.

e. Die Rechtsstellung fremder Urheber im Vorfeld der Berner Übereinkunft

Wenngleich die Vielzahl bilateraler Staatsverträge zu einer gewissen Verbesserung der Rechtsstellung der durch sie geschützten fremden Urheber führte, zeigten sich dennoch im zwischenstaatlichen Rechtsverkehr Mängel, die

---

40 Vgl. dazu mit weiteren Hinweisen *Ladas*, Bd. I, S. 58.
41 Vgl. *Dambach*, S. 2 f., ausdrücklich zur Schutzfristfrage im Rahmen des deutsch-französischen Vertrages von 1883; vgl. auch *Ladas*, Bd. I, S. 61 f.

nach einer umfassenderen Lösung der Frage des internationalen Urheberrechtsschutzes drängten.
Einmal führte der Umstand, daß die Literarverträge regelmäßig in Verbindung mit den Handelsverträgen geschlossen wurden, teils auch in diese miteingebracht wurden, zu einer Unterwerfung unter deren politisches Schicksal. Das hatte zur Folge, daß Kündigungen, Zeitablauf und Nichtanwendung sowie Abschluß neuer Verträge die Feststellung der Rechte und die Gewährung eines effektiven Urheberrechtsschutzes für ausländische Urheber außerordentlich erschwerten.
Zum anderen ergaben sich aus der Vielzahl der Verträge sowie ihrer inhaltlichen Abweichungen erhebliche rechtliche Komplikationen, die einen wirksamen internationalen Urheberrechtsschutz verhinderten[42].

---

[42] Vgl. *Dambach*, S. 3 f., 21, 26; *Röthlisberger*, Berner Übereinkunft, S. 5, 23; *Ladas*, Bd. I, S. 67.

Zweites Kapitel: Der Ausbau des internationalen Urheberrechtsschutzes durch mehrseitige Konventionen

§ 3. Die Bildung und Weiterentwicklung der Berner Übereinkunft zum Schutze von Werken der Literatur und der Kunst vom 9. September 1886

a. Die Vorarbeiten (Festlegung der Schutzprinzipien)

Parallel zu den zwischenstaatlichen Bemühungen zur Verbesserung der Rechtsstellung ausländischer Urheber, wie sie in den zahlreichen bilateralen Urheberrechtskonventionen zum Ausdruck kamen, lassen sich seit der Mitte des 19. Jahrhunderts angesichts des insgesamt sehr unvollständigen internationalen Urheberrechtsschutzes auch Bestrebungen seitens der Urheber selbst zur Verbesserung ihrer Lage feststellen.

Ziel bildete der Erlaß eines allgemeinen und einheitlichen Schutzgesetzes in allen zivilisierten Ländern, dem man dadurch näher zu kommen trachtete, daß man zunächst die Beseitigung jeglichen Unterschieds in der Behandlung der Fremden zu einem völkerrechtlichen Grundsatz zu erheben versuchte, um über die vollständige Gleichstellung von einheimischen und fremden Urhebern einen allmählichen gleichartigen Ausbau der nationalen Gesetze zu erreichen[43].

Der Gedanke, den internationalen Urheberrechtsschutz im größeren Rahmen auf völkervertraglicher Basis zu ordnen, tauchte erstmals in der Eingabe des Börsenvereins deutscher Buchhändler vom 16. 9. 1871 an das Reichskanzleramt auf. Darin wurde die Kündigung der bis dahin von den deutschen Einzelstaaten geschlossenen zahlreichen und verwirrenden Verträge gefordert und der Abschluß eines gemeinsamen Vertrages durch das Deutsche Reich mit den fremden Staaten nach Maßgabe eines eingereichten Normalvertrages verlangt, der die gegenseitige Gleichstellung der Urheber mit Anwendung der kürzeren Schutzfrist unter Verzicht auf Förmlichkeiten verwirklichen sollte[44].

Auf dem anläßlich der Pariser Weltausstellung von 1878 zusammengetretenen

---

[43] Vgl. die Resolution der internationalen literarischen Kongresse von Brüssel (1958), Antwerpen (1861), abgedruckt bei *Röthlisberger*, Berner Übereinkunft, S. 3 ff.

[44] Vgl. *Röthlisberger*, ibid., S. 4 f., der jedoch darauf hinweist, daß die Forderung nach Verbesserung des internationalen Urheberrechtsschutzes auf vertraglicher Grundlage seitens der Urheber nur als Kompromißlösung, anstelle des eigentlichen Ziels einer Vereinheitlichung der Gesetzgebung, angesehen wurde.

Literaturkongreß[45] bemühte man sich erstmals eine einheitliche Formel für den nationalen und internationalen Urheberrechtsschutz zu finden, die sowohl in das auch weiterhin als Ziel angesehene Einheitsgesetz als auch in etwaige Verträge aufgenommen werden konnte.
Diese Formel glaubte man anfangs in folgender, die gleiche Behandlung der einheimischen und fremden Werke in jedem Land aussprechende Bestimmung gefunden zu haben:

„Wenn ein literarisches, wissenschaftliches oder künstlerisches Werk dem Publikum in einem anderen als dem Ursprungsland mitgeteilt wird, so soll es daselbst nach den gleichen Gesetzen wie die einheimischen Werke behandelt werden."

Die sodann von dem Kongreß genehmigte Fassung lautete:

„Jedes literarische, wissenschaftliche oder künstlerische Werk soll in den Ländern außerhalb des Ursprungslandes nach den gleichen Gesetzen wie die Werke einheimischen Ursprungs behandelt werden."

Daneben wies man auf die Notwendigkeit weiterer Verhandlungen zum Zwecke der Erzielung einer internationalen Konvention hin, welche in jedem Land die völlige Gleichstellung der fremden mit den einheimischen Urhebern vorsehen sollte und bat die französische Regierung, „die Initiative zur Einberufung einer internationalen Zusammenkunft zu ergreifen, auf der die verschiedenen Regierungen eine einheitliche Konvention ausarbeiten sollen, welche die Nutzung literarischen Eigentums nach den Ideen der vom Kongreß angenommenen Beschlüsse zu regeln hat[46]".
Auch der im gleichen Jahr in Paris zusammengetretene Kongreß der Künstler[47] verlangte, neben der Forderung nach Anerkennung des literarischen und künstlerischen Eigentums seitens der nationalen Gesetzgebungen, die vollständige Gleichstellung der fremden mit den einheimischen Urhebern, ohne irgendwelchen Vorbehalt gesetzlicher oder diplomatischer Gegenseitigkeit unter der ausschließlichen Bedingung, daß bei der Rechtsverfolgung in anderen Ländern der Nachweis des Schutzes im Ursprungsland geleistet werde[48].
Auf diesem Kongreß erfolgte darüber hinaus die Annahme des von Clunet im Anschluß an die von dem internationalen Kongreß für gewerbliches Eigentum[49] gefaßten Beschlüsse gemachten Vorschlags:

---

[45] Vom 17. bis 29. Juni 1878; vgl. dazu Ladas, Bd. I, S. 73 f.
[46] Vgl. *Romberg*, Compte rendu, S. 59, 190, 257, 292, 370 (zitiert nach *Röthlisberger*, Berner Übereinkunft, S. 6); *Ladas*, Bd. I, S. 73 f.
[47] Vom 18. bis 21. September 1878.
[48] Vgl. *Röthlisberger*, Berner Übereinkunft, S. 6 f.
[49] Am 11. September 1878 in Paris, vgl. Recueil de Traité en Matière de Propriété Industrielle, S. 15.

„Es ist wünschenswert, daß unter den verschiedenen europäischen und überseeischen Staaten ein allgemeiner Verband (Union générale) gegründet werde, der eine einheitliche Gesetzgebung in bezug auf das künstlerische Eigentum annimmt, und daß die diese Union begründende Übereinkunft die Kongressbeschlüsse berücksichtige und endgültig genehmige[50]."

Die Initiative wurde dabei von der Erkenntnis getragen, daß die seitens der einzelnen Gesetzgebungen gewünschte Übereinstimmung noch auf sich warten lassen würde, so daß sich die Notwendigkeit ergab, vorher, allerdings nur als Übergangsstadium, einen internationalen modus vivendi unter den verschiedenen Staaten zu schaffen, in dem auch die für die Landesgesetze geeigneten Grundsätze aufgenommen werden sollten[51].
Der Gedanke einer internationalen Literarunion wurde sodann 1882 vom Börsenverein der deutschen Buchhändler im Zuge ihrer Bemühungen um eine Vereinheitlichung der deutschen Urheberrechtsverträge in Form eines Antrages an den vierten Kongreß der Association Littéraire Internationale in Rom wieder aufgegriffen. Der von dem deutschen Delegierten Paul *Schmidt* gestellte Antrag hatte folgenden Wortlaut[52]:

„In Erwägung, daß die Notwendigkeit des Schutzes des geistigen Eigentums in allen Ländern gleich groß ist, daß sie aber nur dann völlig befriedigt werden kann, wenn die Delegierten aller Länder eine dem Weltpostverein nachgebildete Union zum Schutze des literarischen Eigentums gründen, die gemeinsam mit anderen Ländern in Kraft gesetzt wird; daß eine solche Union sich auf die Bestrebungen und Wünsche aller beteiligten Vereinigungen, nicht nur derjenigen der Literaten, sondern auch der Verlagsbuchhändler, der Komponisten und Musikalienhändler stützen muß;
in Anbetracht, daß die Frage nicht auf der Tagesordnung des Kongresses steht, daß sie daher den Gruppen, welche diese Bestrebungen und Wünsche geltend zu machen imstande sind, unterbreitet werden sollte, beehrt sich der Unterzeichnete als Vertreter des deutschen Buchhandels vorzuschlagen:
Der Kongress solle nicht in die Beratung der Einzelheiten einer Literarunion eintreten, dagegen den Ausschuß der Association beauftragen, das Notwendige vorzukehren, um in der Presse aller Länder eine möglichst gründliche Erörterung der Frage der Bildung einer *Literarunion* herbeizuführen und um an einem noch zu bestimmenden Ort und Zeitpunkt eine aus den Organen und Vertretern der Interessentengruppen zusammengesetzte

---

[50] Vgl. *Röthlisberger*, Berner Übereinkunft, S. 7.
[51] Vgl. *Romberg*, Compte rendu, S. 124 (zitiert nach *Röthlisberger*, ibid., S. 7).
[52] Vgl. *Röthlisberger*, ibid., S. 9; *Hoffmann* in UFITA Bd. 8 (1935). 272; *Ulmer*, Urheber- und Verlagsrecht, S. 75.

Konferenz zu besammeln, die den Plan der Gründung einer Literarunion zu beraten hätte."

Auf der daraufhin von der Association Littéraire Internationale nach Bern für den 10. bis 13. September 1883 einberufenen ersten nicht offiziellen Konferenz wurde ein aus 5 Artikeln bestehender Entwurf einer „Convention littéraire universelle" beraten und zu einem aus 10 Artikeln bestehenden „Konventionsentwurf zur Gründung einer allgemeinen Union für den Schutz der Autorrechte an literarischen und handschriftlichen Werken" umgearbeitet[53]. Dieser Entwurf, der als der Prototyp einer Minimalregelung gedacht war und neben den bestehenden Separatverträgen in einigen Hauptpunkten (voller Übersetzungsschutz, Beschränkung der Förmlichkeiten auf diejenigen des Ursprungslandes) einen „mécanisme d'unification" darstellen sollte, sah in Art. 1 als Grundlage der Schutzgewährung den Grundsatz der Inländerbehandlung vor.

Art. 1 hatte dabei folgenden Wortlaut:

„Art. 1

Les auteurs d'œuvres littéraires et artistiques parues, représentées ou exécutées dans l'un des Etats contractants, à la seule condition d'accomplir les formalités exigées par la loi de ce pays, jouiront pour la protection de leurs œuvres dans les autres Etats de l'Union, quelle que soit d'ailleurs leur nationalité, des mêmes droits que les nationaux[54] [55]."

Die auf der Berner Konferenz von 1883 geleisteten Vorarbeiten wurden vom schweizerischen Bundesrat aufgenommen und in Form eines Rundschreibens am 3. Dezember 1883 an die verschiedenen Staaten versandt, wobei in der begleitenden Besprechung darauf hingewiesen wurde, daß es darum gehe, im allgemeinen Einvernehmen „einen großen Gewinn" durch Verkündung des höheren, sozusagen naturrechtlichen, Grundsatzes zu erzielen: „daß der Autor eines Werkes der Literatur und Kunst, welcher Nation er auch angehören möge und wo immer er es vervielfältigen lasse, überall gleich dem Landesbürger zu schützen sei[56].

---

[53] Vgl. *Röthlisberger*, ibid., S. 10 f.; *Ladas*, Bd. I, S. 75 f.

[54] Vgl. Actes de la Conference de Berne 1884, S. 7.

[55] Zur Entstehungsgeschichte von Art. 1 des Vorentwurfs vgl. *Hoffmann* in UFITA Bd. 8 (1935) S. 272 f. mit ausführlichen Nachweisen. *Hoffmann* weist darauf hin, daß der in Art. 1 des Vorentwurfs übernommene Wortlaut des Inländerbehandlungsgrundsatzes auf den privaten Vorentwurf *Clunets* zu einem solchen Abkommen zurückging. *Clunet* hatte im Anschluß an das französische Gesetz vom 28. 3. 1852, worin es heißt (Art. 1): „La contrefaçon, sur le territoire français, d'ouvrages publiés à l'étranger et mentionné en Art. 425 Code Pénale constitue und délit", die Übernahme der Inländerbehandlung vorgeschlagen.

[56] Vgl. Actes de la Conference de Berne 1884, S. 8 f.; *Röthlisberger*, Berner Übereinkunft, S. 11 f.

Der Vorentwurf der Association wurde sodann mit Rücksicht auf die überwiegende Zustimmung[57 58], im wesentlichen unverändert, in die Form eines diplomatischen Vertrages gebracht und der ersten diplomatischen Konferenz, die vom 8. bis 19. September 1884 unter Beteiligung von 12 Staaten in Bern stattfand, als Programm übermittelt[59].

Die für die Inländerbehandlung maßgebenden Bestimmungen hatten dabei folgenden Wortlaut erhalten[60]:

> „Les sujets ou citoyens de chacun des Etats contractants jouiront dans tous les autres Etats de l'Union, en ce qui concerne la protection des droits des auteurs sur leurs œuvres littéraires et artistiques, des avantages que les lois respectives accordent actuellement ou accorderont par la suite aux nationaux. En conséquence, ils auront la même protection que ceux-ci et le même recours légal contre toute atteinte portée à leurs droits, sous réserve de l'accomplissement des formalités et des conditions prescrites par la législation du pays d'origine de l'œuvre."

Auf der Konferenz kam es sodann zu einer ausführlichen Grundsatzdiskussion über das seitens der Konvention zu verwirklichende Schutzprinzip. Die deutsche Delegation hatte die Frage in den Vordergrund gerückt, ob es nicht besser sei, statt eine auf dem Grundsatz der Inländerbehandlung beruhende Übereinkunft einzugehen, ein neues internationales Recht durch Ausarbeitung eines für die zukünftige Union einheitlichen, die Gesamtheit der urheberrechtlichen Bestimmungen umfassenden Systems zu schaffen[61].

Bei der Beratung dieses Vorschlags zeigte sich jedoch, daß die in den

---

[57] Vgl. *Droz*, Journal de droit international privé, 1884, S. 445; Actes de la Conference de Berne 1884, S. 9.

[58] Vgl. auch das Rundschreiben des Bundesrats vom 28. Juni 1884, in dem erstmals der Abschluß einer „Union Générale pour la protection des droits des auteurs sur leurs œuvres littéraires et artistiques" auf der Grundlage der von der Association ausgearbeiteten Vorschläge empfohlen wird und die Staaten zu einer diplomatischen Konferenz nach Bern eingeladen wurden. In den Erläuterungen hierzu wurde im Hinblick auf die Reaktion auf das erste Rundschreiben und der damit enthaltenen Vorschläge der Association ausgeführt:
„Il ressort des notes reçues que, en principe, on admet généralement l'idée fondamentale du projet de l'Association littéraire internationale, d'après laquelle tous les Etats civilisés devraient étendre aux créations littéraires et artistiques qui voient le jour dans un autre Etat la protection qu'ils accordent eux-mêmes aux produits du travail indigène; cet accord général crée ainsi une large base, sur laquelle il faut chercher à construire de nouvelle assises. Il s'agira d'abord d'étudier de quelle manière cela peut se fairesans porter une atteinte trop sensible à la législation interne des Etats particuliers, ni aux conventions internationales existantes." Abgedruckt in Actes de la Conference de Berne 1884, S. 10.

[59] Vgl. Actes de la Conference de Berne 1884, S. 35 ff.; *Röthlisberger*, Berner Übereinkunft, S. 12.

[60] Vgl. Actes de la Conference de Berne 1884, S. 41.

[61] Vgl. Actes de la Conference de Berne 1884, S. 28.

einzelnen Landesgesetzen zutage getretenen Ideen und Prinzipien noch zu verschieden waren, um eine durchgreifende Reform zu ermöglichen, zumal da mehrere Staaten ihre Gesetzgebung erst kurz zuvor einer Durchsicht unterworfen hatten oder im Begriffe waren, dies zu tun[62].

Mit Rücksicht darauf, daß ein neues Recht zu viele Interessen verletzt hätte, darüber hinaus seine Formulierung angesichts der weit auseinander gehenden juristischen Anschauung außerordentlich schwierig gewesen wäre, entschloß man sich zur Schutzgewährung auf der Grundlage der einzelnen nationalen Rechtsordnungen.

Diese sollten nur in einzelnen wichtigen Fragen durch Aufstellung bestimmter Minimalrechte ergänzt oder verallgemeinert werden[63] [64].

Bei der Frage, in welcher Form man dem Landesrecht die ihm zugeordnete Bedeutung verschaffen sollte, entschloß man sich in Anlehnung an den Vorentwurf der Association für das Prinzip der Inländerbehandlung und entschied sich gegen die Möglichkeit einer umfassenden Berücksichtigung des Rechts des Ursprungslandes auch außerhalb seiner Grenzen[65].

---

[62] Vgl. *Röthlisberger*, Berner Übereinkunft, S. 12; ders. in Beiträge zum Urheberrecht, S. 127 ff.

[63] Die Verallgemeinerung sollte dabei insbesondere folgende Punkte betreffen, Beschränkung der Förmlichkeiten, Übersetzungsrecht sowie erlaubte Entlehnungen im Lehr- und Zeitungswesen. Die Forderung nach einer Vereinheitlichung der Schutzfrist bzw. Annahme einer Minimalschutzdauer von 30 Jahren post mortem autoris sowie nach einem uneingeschränkten Schutz des Übersetzungsrechts erschien jedoch noch nicht verwirklichbar und wurde daher weder in dem Konferenzentwurf noch in dem Schlußprotokoll aufgenommen. Ein entsprechender Hinweis findet sich in einem besonderen Aktenstück mit der Bezeichnung „Principes recommandés pour une unification ultérieure"; vgl. Actes de la Conference de Berne 1884, S. 65 f.; *Röthlisberger*, Berner Übereinkunft, S. 13; ders. in Beiträge zum Urheberrecht, S. 127.

[64] Bei den Beratungen über den für die Konvention einzuschlagenden Weg der Schutzgewährung ließen sich im wesentlichen drei verschiedene Richtungen feststellen. Auf der einen Seite standen die Anhänger einer völligen Vereinheitlichung, wobei diese ihr Ziel teils auf dem Wege einer Unionsverfassung, d. h. der Vereinheitlichung der verschiedenen Sonderverträge oder durch den Ausbau des fortgeschrittensten dieser Verträge, teils auf dem Wege der Vereinheitlichung der Landesgesetze zu erringen hofften, während auf der anderen Seite die Vertreter der nationalen gesetzgeberischen Unabhängigkeit einen nur möglichst lockeren Staatenbund auf der Grundlage gegenseitiger Reziprozität schaffen und so wenig als möglich vereinheitlichen wollten. Dazwischen bewegten sich die Anhänger eines Gebildes, das zwar Staatenbund bleiben, aber in einigen wesentlichen Angelegenheiten schon bundesstaatliche Vorschriften enthalten und allmählich zu größerer Einheitlichkeit fortschreiten sollte. Vgl. ausführlich hierzu *Röthlisberger*, Berner Übereinkunft, S. 13 f.

[65] Die Forderung nach Berücksichtigung des Rechts des Ursprungslandes hatte sich insbesondere in Verbindung mit der im einzelnen sehr unterschiedlichen Regelung der Schutzdauer sowie der Formalitäten in den einzelnen Ländern ergeben. So wehrte man sich einerseits gegen die sich aus der Inländerbehandlung ergebende Möglichkeit eines im Vergleich zum Ursprungsland im Ausland verlängerten Rechtsschutzes, sah andererseits aber in der sich aus der Anwendung dieses Grundsatzes ergebenden Verpflichtung zur Erfüllung der jeweiligen nationalen Formalitäten eine unzumutbare

Dem Recht des Ursprungslandes sollte nur insoweit Einfluß auf den Konventionsschutz zugebilligt werden und damit ein den Grundsatz der Inländerbehandlung beschränkende Rolle zukommen, als es darum ging zu verhindern, daß ein Werk in einem anderen Land einen ausgedehnteren Schutz in Anspruch nehmen kann, als es im eigenen Lande hatte[66].
Dies betraf in erster Linie die Frage der Schutzdauer. Darüber hinaus sollte das Recht des Ursprungslandes hinsichtlich der Erfüllung der Förmlichkeiten Anwendung finden, um die konventionsgeschützten Urheber davor zu bewahren, in jedem Schutzland von neuem den jeweiligen Formvorschriften gerecht werden zu müssen[67].
Die für die Inländerbehandlung maßgebenden Bestimmungen des aus der Konferenz von 1884 hervorgegangenen Entwurfs waren in den Art. 2 und 3 enthalten und stimmten, mutatis mutandis, mit den diesbezüglichen Bestimmungen des deutsch-französischen Literarvertrages vom 19. April 1883 (insbesondere Art. 1) überein[68].
Art. 2 und 3 hatten folgenden Wortlaut:

Art. 2:
„Les auteurs ressortissants à l'un des pays contractants jouiront, dans tous les autres pays de l'Union, pour leurs œuvres, soit manuscrites ou inédites, soit publiées dans un de ces pays, des avantages que les lois respectives accordent actuellement ou accorderont par la suite aux nationaux. Toutefois ces avantages ne leur seront réciproquement assurés que pendant l'existence de leurs droits dans leur pays d'origine. Cette jouissance est subordonnée à l'accomplissement des formalités et des conditions prescri-

---

Härte. Vgl. *Droz* in Actes de la Conference de Berne 1884, S. 21, 42; *Röthlisberger*, Beiträge zum Urheberrecht, S. 130 ff.

66 Vgl. die Stellungnahme des norwegischen Delegierten *Baetzmann*, Actes de la Conference de Berne 1884, S. 42: „. . . le minimum de la protection qui, dans chacun des pays de l'Union, doit être accordé, je crois pouvoir m'associer au double principe du traitement national et du traitement du pays d'origine." Vgl. *Röthlisberger*, Beiträge zum Urheberrecht, S. 130.

67 Vgl. zu der Auseinandersetzung über die Frage der im Ursprungsland zu erfüllenden Förmlichkeiten und Bedingungen („formalités et des conditions") die Ausführungen des deutschen Delegierten Meyer, denen sich die Konferenz anschloß, Actes de la Conference de Berne 1884, S. 43: „. . . le mot formalités, étant pris comme synonyme du terme conditions formelles, comprend par exemple, l'enregistrement, la dépôt etc.; tandis que l'expression conditions, synonyme selon nous des mots conditions matérielles, comprend par exemple, l'achèvement de la traduction dans le délai prescrit. Or, les mots formalités et conditions comprennent l'ensemble de le qui doit être observé pour que les droits de l'auteur par rapport à son oeuvre puisse prendre naissance (en allemand: Voraussetzungen), tandis que les effets et les conséquences de la protection (en allemand: Wirkungen), notamment en ce qui concerne l'étendue de la protection, doivent rester subordonnées au principe du traitement à l'égal des nationaux."

68 Vgl. *Röthlisberger*, Berner Übereinkunft, S. 23; ders. in Beiträge zum Urheberrecht, S. 130.

tes par la législation du pays d'origine de l'œuvre ou, lorsqu'il s'agit d'une ouvre manuscrite ou inédite, par la législation du pays auquel appartient l'auteur."

Art. 3:

„Les stipulations de l'article 2 s'appliquent également aux éditeurs d'oeuvres littéraires ou artistiques publiées dans un des pays de l'Union, et dont l'auteur appartient à un pays qui n'en fait par partie."

b. Die ursprüngliche Fassung der Berner Übereinkunft und ihre Grundprinzipien

Auf der zweiten internationalen Konferenz, die wiederum in Bern vom 7. bis 18. September 1885 abgehalten wurde, erfuhr der Vertragsentwurf von 1884 auf Grund der eingehenden kritischen Behandlung, vor allem seitens der französischen Urheberverbände[69], eine nochmalige Überarbeitung.

Diese Fassung fand sodann Aufnahme in den ursprünglichen Text der Konvention, wie er auf der diplomatischen Konferenz vom 6. bis 9. September 1886 in Bern gebilligt wurde.

Auch der in Art. 2 enthaltene Inländerbehandlungsgrundsatz wurde hierbei neu gefaßt.

Einmal wurde nicht mehr von „Vorteilen", sondern von „Rechten der Autoren" gesprochen, zum anderen blieb es bei der Einschränkung dieser Rechte bloß hinsichtlich der Dauer des im Ursprungsland gewährten Schutzes, und zwar in der Weise, daß, wenn zwei Vertragsstaaten verschiedene Schutzfristen aufstellten, das Werk immer nur auf die kürzere Schutzfrist Anspruch erheben konnte.

Die Kommission gab zu dieser wichtigen Änderung folgenden ausschlaggebenden Kommentar[70]:

> „Andererseits war die Kommission der Meinung, die Worte ‚solange ihre Rechte im Ursprungsland in Kraft sind' seien zu absolut gefaßt, da man daraus schließen könnte, daß, abgesehen von der Bestimmung der Schutzdauer die Gerichte stets genötigt wären, einem Autor gegenüber das Recht des Ursprungslandes anzuwenden, wenn dieses Recht für denselben ungünstiger ist als das Recht desjenigen Landes, wo der Schutz beansprucht wird. Nun hätte ein solches System den schweren Nachteil, sowohl von den Richtern wie von den Verlegern eine eingehende Kenntnis aller Landesgesetze zu fordern, was dem Wesen der zu schaffenden Union widerspricht. Die Kommission hat somit die Redaktion dieses Artikels präziser gefaßt und gesagt, die Dauer des Schutzes dürfe in den anderen Ländern die im Ursprungsland eingeräumte nicht übersteigen."

---

69 Vgl. ausführlich hierzu *Röthlisberger*, Berner Übereinkunft, S. 15 f.

70 Vgl. Actes de la Conference de Berne 1884, S. 41; *Röthlisberger*, ibid., S. 24.

Aus den Verhandlungen der beiden Konferenzen geht somit eindeutig hervor, daß zur Erleichterung der Rechtsanwendung im Bereich der Verbandsstaaten das Prinzip der gänzlichen Gleichbehandlung der geschützten Ausländer mit den Inländern nur hinsichtlich der leicht feststellbaren, im Ursprungsland bestehenden Schutzfrist durchbrochen wird, nicht aber hinsichtlich der übrigen materiellen Befugnisse[71].

Die für die Inländerbehandlung maßgebenden Bestimmungen der Art. 2 und 3 hatten in ihrer überarbeiteten Fassung von 1885 folgenden Wortlaut:

> **Art. 2:**
> „Die einem der Verbandsländer angehörenden Urheber oder ihre Rechtsnachfolger genießen in den übrigen Ländern für ihre Werke, und zwar sowohl für die in einem der Verbandsländer veröffentlichten, als für die überhaupt nicht veröffentlichten, diejenigen Rechte, welche die betreffenden Gesetze den inländischen Urhebern gegenwärtig einräumen oder in Zukunft einräumen werden.
> Der Genuß dieser Rechte ist von der Erfüllung der Bedingungen und Förmlichkeiten abhängig, welche durch die Gesetzgebung des Ursprungslandes des Werkes vorgeschrieben sind; derselbe kann in den übrigen Ländern die Dauer des in dem Ursprungslande gewährten Schutzes nicht übersteigen.
> Als Ursprungsland des Werkes wird dasjenige angesehen, in welchem die erste Veröffentlichung erfolgt ist, oder wenn diese Veröffentlichung gleichzeitig in mehreren Verbandsländern stattgefunden hat, dasjenige unter ihnen, dessen Gesetzgebung die kürzeste Schutzfrist gewährt.
> In Ansehung der nicht veröffentlichten Werke gilt das Heimatland des Urhebers als Ursprungsland des Werkes."
> **Art. 3:**
> „Die Bestimmungen der gegenwärtigen Übereinkunft finden in gleicher Weise auf die Verleger von solchen Werken der Literatur und Kunst Anwendung, welche in einem Verbandslande veröffentlicht sind, und deren Urheber einem Nichtverbandslande angehört."

Das Schutzsystem der Berner Übereinkunft beschränkte sich jedoch von Anfang an nicht auf die durch den Inländerbehandlungsgrundsatz bewirkte

---

[71] Vgl. *Röthlisberger*, ibid., S. 25, der hierzu auf die übereinstimmenden Auffassungen sämtlicher früherer Kommentatoren verweist, von denen alle der Ansicht waren, daß mit der Redaktion von 1885 „die Verschmelzung des Rechts der Fremden mit demjenigen der Einheimischen bis auf den Punkt der Schutzdauer eine vollständige sei", und damit die Schwierigkeiten, welche sich aus der Notwendigkeit, zwei vielleicht zu ihrem Geiste ganz verschiedene Gesetze miteinander zu kombinieren, ergeben müßten, vollständig behoben seien. Vgl. dazu *Morel*, in dem Bericht zum Mailänder Kongress über „Les Arrangements particuliers entre pays de l'Union littéraire et artistique", S. 3 ff.; *Droz*, Journal de droit international privé 1884, S. 448; ibid. 1885, S. 487; *Darras*, S. 534; *Röthlisberger*, ibid., S. 25; *ders.*, Beiträge zum Urheberrecht, S. 131 f.

Verweisung auf das Recht des Schutzlandes bzw. seine Durchbrechung hinsichtlich der Berücksichtigung des Rechts des Ursprungslandes, sondern sah darüber hinaus auch eigene, die vorgenannten Schutzprinzipien ergänzende materielle Schutzbestimmungen vor.
Bei den Beratungen über die Bestimmung des Inhalts und der Modalitäten des Schutzes hatte sich nämlich gezeigt, daß eine Schutzgewährung allein auf der Grundlage des Prinzips der Gleichstellung wegen der großen Verschiedenheit, aber auch teilweisen Rückständigkeit der einzelnen nationalen Urheberrechtsgesetze, zu keiner gleichmäßigen und damit auch gerechten Schutzerteilung im Verbandsgebiet führen würde[72].
Die Verfasser der Konvention entschlossen sich daher, bei einzelnen besonders kontroversen Rechten, zur Einbeziehung materieller Schutzbestimmungen.
So gewährte etwa Art. 5 der ursprünglichen Fassung der Konvention das Übersetzungsrecht des Urhebers auf die Dauer von zehn Jahren, beginnend mit der Veröffentlichung des Originalwerkes in einem der Verbandsländer.
Der durch die Berner Übereinkunft gewährte Rechtsschutz läßt sich somit zusammenfassend als ein gemischtes Schutzsystem deuten, das sich aus dem Zusammenwirken verschiedener, sich teils ergänzender, teils einschränkender Schutzprinzipien ergibt[73].
Darüber hinaus unterliegt der durch die Konvention zu gewährende Schutz gemäß Art. 15 auch dem Einfluß urheberrechtlicher Separatverträge zwischen den Verbandsländern, da diesen, sofern sie im Vergleich zur Konvention günstigere Bestimmungen vorsahen, der Vorrang eingeräumt wurde.

c. Der Ausbau des Berner Verbands

(Die Ergänzung von 1896 sowie die Revisionen von 1908, 1928, 1948, 1967 und 1971)
Das Schutzsystem der Berner Übereinkunft hat seit seiner Gründung bedeutsame Veränderungen erfahren.
Grundlage seiner Weiterentwicklung war die bereits in den ersten Vorentwürfen vorgesehene, in Art. 17 der ursprünglichen Konventionsfassung enthaltene Möglichkeit der Revision des Vertragswerkes.
Die Verbandsstaaten haben von dieser Möglichkeit bisher insgesamt sechsmal Gebrauch gemacht, so daß es ebensoviele voneinander abweichende Konventionstexte gibt, die, je nachdem, verschiedene Verbandsstaaten untereinander banden[74].

---

[72] Vgl. *Röthlisberger*, ibid., S. 26.
[73] Vgl. *Hoffmann* in UFITA Bd. 8 (1935) S. 273; vgl. ausführlich hierzu unten S. 110 ff.
[74] Für die Verbandsstaaten waren jedoch am 1. Januar 1975 nur noch die Rom- (1928), Brüsseler- (1948) sowie die Stockholm-Pariser-Fassung (1967/1971) von Bedeutung. Vgl. Übersicht in GRUR Int. 1975, 175 ff.

Der in unterschiedlichen Schritten erfolgte Ausbau der Konvention hat zu einer fortlaufenden Verfeinerung und Verbesserung des konventionellen Schutzniveaus geführt.

aa. Die Ergänzung von Paris (1896)

Ausgangspunkt dieser Folge von Revisionen war die Ergänzung von Paris (1896), auf der es jedoch mangels Übereinstimmung unter den Verbandsstaaten noch nicht gelang, die von der Konferenz beschlossenen Veränderungen des Konventionsschutzes in den Text der Übereinkunft selbst aufzunehmen. Diese wurden vielmehr in zwei neben dem ursprünglichen Vertragstext geschaffenen Vereinbarungen, zu denen den Verbandsstaaten der Beitritt unabhängig von dem im übrigen unverändert gebliebenen Abkommen offenstand, untergebracht[75].

Inhaltlich betraf die durch die beiden Zusatzabkommen vorgenommene Veränderung des Konventionsschutzes in erster Linie das iure conventionis gewährte Übersetzungsrecht[76], darüber hinaus Fragen des Anwendungsbereichs der Konvention[77] sowie Auslegungsregelungen[78].

Das Ausweichen bei der Fortbildung des Konventionsschutzes in derartige besondere Abkommen, die nur einen Teil der Verbandsstaaten vereinten[79],

---

[75] Es waren dies eine „Zusatzakte", die den Wortlaut der sechs modifizierten Artikel der Konvention und der zwei geänderten Artikel des Schlußprotokolls enthielt und eine „Deklaration", die interpretierende Erklärungen einer Konventionsbestimmung umfaßte.

[76] Bei dem die zeitliche Beschränkung fallen gelassen wurde, vgl. Art. 5 Abs. 1 in der Fassung der Pariser Zusatzakte von 1896.

[77] Dieser wurde insoweit beschränkt, als bei den veröffentlichten Werken verbandsangehöriger Urheber eine erstmalige Veröffentlichung in einem Verbandsland gefordert wurde (vgl. Art. 2 Abs. 1 in der Fassung der Pariser Zusatzakte von 1896); darüber hinaus aber auch erweitert, als festgelegt wurde, daß auch die nachgelassenen Werke in den geschützten Werken mitinbegriffen sind (vgl. Art. 2 Abs. 5 in der Fassung der Pariser Zusatzakte von 1896) und sich der Anwendungsbereich der Konvention auch auf Werke verbandsfremder Urheber, sofern eine erstmalige Veröffentlichung in einem Verbandsland erfolgte, erstreckte (vgl. Art. 3 in der Fassung der Pariser Zusatzakte von 1896).

[78] Vgl. Festlegung des konventionellen Veröffentlichungsbegriffs (Ziff. 2 der Pariser-Deklaration von 1896) sowie Erstreckung des Förmlichkeitserfordernisses auf photographische Werke (Ziff. 1 der Pariser-Deklaration von 1896).

[79] So wurde die „Zusatzakte" nicht von den Verbandsländern Norwegen und Schweden unterzeichnet. Dies hatte zur Folge, daß zwischen den übrigen Verbandsstaaten insoweit ein engerer Verband entstand (sog. „union restreinte"), da das Zusatzprotokoll, etwa bezüglich des Übersetzungsrechts, neues gegenüber der ursprünglichen Fassung weitergehendes materielles Recht setzte. Dagegen enthielt die „Deklaration" nur eine urkundlich verbürgte Erläuterung des bestehenden Vertragstextes, bei der die verweigerte Unterzeichnung durch Großbritannien ohne vergleichbare Folgen für den Konventionsschutz blieb. Vgl. *Röthlisberger*, Berner Übereinkunft, S. 44 ff.

beeinträchtigte jedoch die Geschlossenheit des konventionellen Schutzsystems und erwies sich dadurch als wenig vorteilhaft.

bb. Die Revision von Berlin (1908)

Die auf der Berliner Konferenz (1908) beschlossene Revision der Berner Übereinkunft brachte demgegenüber erstmals weitreichende Änderungen des Verbandsschutzes selbst mit sich und führte zu einer Neufassung des Konventionstextes.
Ziel der Berliner Revision war der Ausbau der materiellen Sonderrechte, durch Erweiterung der ursprünglichen und Anerkennung neuer Rechte, zu einem konventionseigenen System des Urheberrechtsschutzes[80].
Die Weiterentwicklung der materiellen Konventionsbestimmungen erfolgte in erster Linie durch die vertragliche Festlegung der geschützten Werke (Art. 2 und 3 RBÜ), der Bestimmung über die Schutzdauer (Art. 7 RBÜ), der Anerkennung der Rechte zur mechanischen Wiedergabe (Art. 13 RBÜ) und des Filmrechts (Art. 14 RBÜ), durch die es zu einer beträchtlichen Anhebung des Schutzniveaus kam.
Darüber hinaus erfolgte eine bedeutsame Neuregelung der Inländerbehandlung in Art. 4 bis 6 RBÜ, die, abgesehen von der Erweiterung der Anknüpfungspunkte, durch den völligen Verzicht auf Förmlichkeiten zu einer weiteren Loslösung des Konventionsschutzes von dem im Ursprungsland des Werkes gewährten Schutzes führte.
Die für die Inländerbehandlung maßgebenden Vorschriften der Art. 4, 5 und 6 hatten nach der Berliner Revision folgenden Wortlaut:

Art. 4:
„Die einem der Verbandsländer angehörigen Urheber genießen sowohl für die nicht veröffentlichten als für die in einem Verbandslande zum ersten Male veröffentlichten Werke in allen Verbandsländern mit Ausnahme des Ursprungslandes des Werkes diejenigen Rechte, welche die einschlägigen Gesetze den inländischen Urhebern gegenwärtig einräumen oder in Zukunft einräumen werden, sowie die in dieser Übereinkunft besonders festgesetzten Rechte.

---

[80] Verhängnisvoll für die Einheitlichkeit des Konventionsschutzes erwies sich, daß dieses Ziel mit Rücksicht auf das Bestreben, weitere Staaten zum Beitritt zur Union zu bewegen, unter Belassung eines weitreichenden Spielraums für die Gesetzgebung der Verbandsstaaten, durch die Möglichkeit der Erklärung von Vorbehalten, angestrebt wurde. Vgl. *Hoffmann*, Berner Übereinkunft, S. 13, der darauf hinweist, daß die Berliner Revision zur Folge hatte, daß es von da an nicht nur drei unterschiedliche Gruppen von Verbandsstaaten gab, solche, die der Berliner Fassung ohne Vorbehalte beigetreten waren, solche die durch die alte Fassung gebunden blieben und solche, die Vorbehalte gemacht hatten, sondern zusätzlich diejenigen, die durch unterschiedliche Vorbehalte zu unterschiedlicher Schutzgewährung verpflichtet waren.

Der Genuß und die Ausübung dieser Rechte sind an die Erfüllung irgendwelcher Förmlichkeiten nicht gebunden; dieser Genuß und diese Ausübung sind von dem Bestehen eines Schutzes in dem Ursprungslande eines Werkes unabhängig. Soweit nicht diese Übereinkunft ein anderes bestimmt, richten sich demnach der Umfang des Schutzes sowie die dem Urheber zur Wahrung seiner Rechte zustehenden Rechtsbehelfe ausschließlich nach den Gesetzen des Landes, in welchem der Schutz beansprucht wird.
Als Ursprungsland des Werkes wird angesehen: für die nicht veröffentlichten Werke das Heimatland des Urhebers; für die veröffentlichten Werke dasjenige Land, in welchem die erste Veröffentlichung erfolgt ist, und für die gleichzeitig in mehreren Verbandsländern veröffentlichten Werke dasjenige von diesen Ländern, dessen Gesetzgebung die kürzeste Schutzdauer gewährt. Für die gleichzeitig in einem Nichtverbandsland und in einem Verbandslande veröffentlichten Werke wird letzteres Land ausschließlich als Ursprungsland angesehen.
Unter veröffentlichten Werken sind im Sinne dieser Übereinkunft die erschienenen Werke zu verstehen. Die Aufführung eines dramatischen oder dramatisch-musikalischen Werkes, die Aufführung eines Werkes der Tonkunst, die Ausstellung eines Werkes der bildenden Künste und die Errichtung eines Werkes der Baukunst stellen keine Veröffentlichung dar."

Art. 5:

„Die einem der Verbandsländer angehörigen Urheber, welche ihre Werke zum ersten Male in einem anderen Verbandslande veröffentlichen, genießen in diesem letzteren Lande die gleichen Rechte wie die inländischen Urheber."

Art. 6:

„Die keinem der Verbandsländer angehörigen Urheber, welche ihre Werke zum ersten Male in einem dieser Länder veröffentlichen, genießen in diesem Lande die gleichen Rechte wie die inländischen Urheber und in den anderen Verbandsländern diejenigen Rechte, welche diese Übereinkunft gewährt."

Eine erste Einschränkung der auf der Berliner Revisionskonferenz verwirklichten Ausdehnung des Konventionsschutzes brachte das am 20. März 1914 in Bern von 18 Verbandsstaaten unterzeichnete Zusatzprotokoll zu der Revidierten Berner Übereinkunft[81]. Danach wurde den Verbandsstaaten die Möglichkeit eingeräumt, den gemäß Art. 6 RBÜ auf der Grundlage der Inländerbehandlung zu gewährenden Schutz von Werken verbandsfremder Urheber, die zum Zeitpunkt der Veröffentlichung nicht in einem Verbandsland domiziliert waren, in den Fällen einzuschränken, in denen deren Heimatland Werken des schutzverpflichteten Verbandslandes keinen ausreichenden Schutz zubillig-

---

[81] Vgl. zur Entstehungsgeschichte ausführlich *Ladas*, Bd. I, S. 94 ff.

te. Bedeutung kam dieser Einschränkung insbesondere im Verhältnis des Verbandslandes Großbritannien zu den USA zu, da dort auf Grund der für englischsprachige Werke geltende sog. „manufacture-clause" der Urheberschutz ausländischer Staatsangehöriger davon abhing, daß das betreffende Werk innerhalb der Grenzen der USA gedruckt worden war[82].

cc. Die Revision von Rom (1928)

Die Revision von Rom (1928) brachte gegenüber der von Berlin nur wenige sachliche Änderungen und beschränkte sich, abgesehen von der Einführung des „droit moral" (Art. 6bis RBÜ) und der durch den technischen Fortschritt bedingten Verbesserungen der Verwertungsrechte, auf die Beseitigung bestimmter, mit der Forderung nach Einheitlichkeit des Konventionsschutzes unvereinbaren Vorbehalte. Eine Neuorientierung der Grundlagen des Konventionsschutzes, insbesondere der Inländerbehandlung, erfolgte dagegen nicht.

dd. Die Revision von Brüssel (1948)

Erst die Brüsseler Revisionskonferenz, die nach mehrmaliger Verschiebung schließlich 1948 stattfand, brachte weitgehende inhaltliche und redaktionelle Änderungen der Übereinkunft.
Hierzu gehörten vor allem die Ergänzung des Werkkataloges (Art. 2 Abs. 1 RBÜ), die Festlegung der 50-jährigen Schutzfrist (Art. 7 Abs. 1 RBÜ), die Regelung der Beziehungen des Urhebers zum Rundfunk und der Schallträgerindustrie (Art. 11bis RBÜ), die Einführung des Folgerechts (Art. 14bis RBÜ) sowie die vertragliche Festlegung des Mindestschutzgrundsatzes (Art. 19 RBÜ).
Die Regelung der Inländerbehandlung blieb demgegenüber im wesentlichen unverändert (Art. 4 Abs. 1 und 2 RBÜ). Ergänzungen gab es nur hinsichtlich des Begriffs des Ursprungslandes eines Werkes (Art. 4 Abs. 3 und 5 RBÜ) und dem der Veröffentlichung (Art. 4 Abs. 4 RBÜ)[83].

ee. Die Revision von Stockholm und Paris (1967/1971)

Die Stockholmer Revision (1967) führte sodann, abgesehen von dem weiteren Ausbau der materiellen Sonderbestimmungen, so vor allem der Einführung des allgemeinen Vervielfältigungsrechts (Art. 9 RBÜ), der Reform des Filmrechts (Art. 14 und 14bis RBÜ), der Verlängerung des Schutzes für das „droit moral" (Art. 6bis RBÜ), der Neufassung der Bestimmungen über die Zulässigkeit von Zitaten, Entlehnungen und der Berichterstattung über Tagesfragen (Art. 10bis und 11 RBÜ), zu einer systematischen Neuordnung und Erweiterung

---

[82] Vgl. *Ladas*, ibid., S. 95.
[83] Vgl. *Baum* in GRUR 1949, 11 f.

der Regeln über die Anknüpfungspunkte (Art. 3 und 4 RBÜ), die eine redaktionelle Neufassung der für den Inländerbehandlungsgrundsatz maßgebenden Bestimmungen erforderlich machte[84].

Der hierfür maßgebende **Art. 5** RBÜ erhielt dabei folgenden Wortlaut:

„(1) Die Urheber genießen für die Werke, für die sie durch diese Übereinkunft geschützt sind, in allen Verbandsländern mit Ausnahme des Ursprungslandes des Werkes die Rechte, die die einschlägigen Gesetze den inländischen Urhebern gegenwärtig gewähren oder in Zukunft gewähren werden, sowie die in dieser Übereinkunft besonders gewährten Rechte.

(2) Der Genuß und die Ausübung dieser Rechte sind nicht an die Erfüllung irgendwelcher Förmlichkeiten gebunden; dieser Genuß und die Ausübung sind unabhängig vom Bestehen des Schutzes im Ursprungsland des Werkes. Infolgedessen richten sich der Umfang des Schutzes sowie die dem Urheber zur Wahrung seiner Rechte zustehenden Rechtsbehelfe ausschließlich nach den Rechtsvorschriften des Landes, in dem der Schutz beansprucht wird, soweit diese Übereinkunft nichts anderes bestimmt.

(3) Der Schutz im Ursprungsland richtet sich nach den innerstaatlichen Rechtsvorschriften. Gehört der Urheber eines auf Grund dieser Übereinkunft geschützten Werkes nicht dem Ursprungsland des Werkes an, so hat er in diesem Land die gleichen Rechte wie die inländischen Urheber.

(4) Als Ursprungsland gilt:

(a) für die zum ersten Mal in einem Verbandsland veröffentlichten Werke dieses Land; handelt es sich jedoch um Werke, die gleichzeitig in mehreren Verbandsländern mit verschiedener Schutzdauer veröffentlicht wurden, das Land, dessen innerstaatliche Rechtsvorschriften die kürzeste Schutzdauer gewähren;

(b) für die gleichzeitig in einem verbandsfremden Land und in einem Verbandsland veröffentlichten Werke dieses letzte Land;

(c) für die nichtveröffentlichten oder die zum ersten Mal in einem verbandsfremden Land veröffentlichten Werke, die nicht gleichzeitig in einem Verbandsland veröffentlicht wurden, das Verbandsland, dem der Urheber angehört;

jedoch ist Ursprungsland,

(i) wenn es sich um ein Filmwerk handelt, deren Hersteller seinen Sitz oder seinen gewöhnlichen Aufenthalt in einem Verbandsland hat, dieses Land und,

(ii) wenn es sich um Werke der Baukunst, die in einem Verbandsland errichtet sind, oder um Werke der graphischen und plastischen Künste handelt, die Bestandteile eines in einem Verbandsland gelegenen Grundstücks sind, dieses Land."

---

[84] Vgl. *Reimer* in: Stockholmer Konferenz 1967, S. 4 ff., 9 f.

Darüber hinaus hatte die Stockholmer Revision erstmals in der Geschichte der Konvention eine bewußte Verschlechterung des Urheberrechtsschutzes zugunsten der sog. Entwicklungsländer zur Folge[85].
Den Entwicklungsländern wurden in einem der Revidierten Berner Übereinkunft als integrierender Bestandteil verbundenen Protokoll[86] weitgehende Zugeständnisse hinsichtlich der Möglichkeit zur Beschränkung des Konventionsschutzes, insbesondere hinsichtlich der Schutzdauer (Art. 7 Abs. 1, 2 und 3 RBÜ), des Übersetzungsrechts (Art. 8 RBÜ), des Vervielfältigungsrechts (Art. 9 Abs. 1 RBÜ) und des Senderechts (Art. 11bis Abs. 1 und 2 RBÜ) gemacht, die im Falle ihres Wirksamwerdens zu einer faktischen Aufspaltung des Konventionsschutzes in einen Bereich hohen Urheberrechtsschutzes und einen niedrigeren, je nachdem, ob der Schutz in oder außerhalb eines Entwicklungslandes begehrt wird, geführt hätte.
Diese Bestimmungen sind jedoch – u. a. gerade von den Ländern, deren Werke für die Entwicklungsländer von besonderem Interesse sind – nicht ratifiziert worden[87]. Die materiellrechtlichen Vorschriften der Art. 1 bis 21 RBÜ (Stockholm) mit dem Protokoll betreffend die Entwicklungsländer sind daher bisher noch nicht in Kraft getreten[88, 89].
Die Pariser Revision hat diesem Zustand ein Ende bereitet, indem sie eine Neuorientierung der Sonderregelung zugunsten der Entwicklungsländer vorsieht, die den Verbandsländern im Ergebnis auch die Ratifizierung der allgemein für fortschrittlich gehaltenen neuen materiellen und verfahrensrechtlichen Bestimmungen ermöglicht.
Die Forderungen der Entwicklungsländer fanden nunmehr anstelle der sehr weitgehenden Regelung in dem Protokoll der Stockholmer Fassung in einem besonderen, wesentlich geringere Einschränkungen der Rechte der geschützten Urheber vorsehenden Anhang, der durch Art. 21 integrierender Bestandteil der Konvention ist, sowie im Rahmen der gleichzeitig vorgenommenen Revision des WUA Berücksichtigung. Im übrigen wurden die materiellen und verfahrensrechtlichen Regelungen der Art. 1 bis 20 bzw. 22 bis 26 der

---

[85] Vgl. *v. Gamm* in NJW 1972, 2065 ff.; *Schiefler* in: Stockholmer Konferenz 1967, S. 27 ff.
[86] Vgl. Art. 21 RBÜ (Stockholmer Fassung).
[87] Bis zum 1. Januar 1975 sind nur die DDR, Mauritanien, Rumänien, Senegal und Tschad durch Hinterlegung der Ratifikations- oder Beitrittsurkunde zum Stockholmer Akt in ihrer Gesamtheit der Stockholmer Fassung im vollen Umfang beigetreten, vgl. Übersicht in GRUR Int. 1975, 174 f.
[88] Dagegen sind die neuen Verwaltungsvorschriften der Art. 22 ff., die nach dem Vorbehalt des Art. 28 unabhängig von den materiellrechtlichen Vorschriften und von dem Protokoll betreffend die Entwicklungsländer ratifiziert werden konnten, in Kraft; vgl. *v. Gamm* in NJW 1972, 2066.
[89] Die BRD ist mit Gesetz v. 5. Juni 1970 (BGBl. II 1970, 293) der Stockholmer Fassung auch nur mit Ausnahme der Art. 1 bis 21 und des Protokolls betreffend die Entwicklungsländer beigetreten; vgl. *v. Gamm* in NJW 1972, 2066.

Stockholmer Fassung unverändert in die Pariser Konventionsfassung übernommen[90].

Anders als im Stockholmer Protokoll wird dabei zugunsten der Entwicklungsländer nur die Möglichkeit der Einschränkung des Übersetzungs- und des Vervielfältigungsrechts vorgesehen[91], ohne daß eine hiernach erfolgende Inanspruchnahme der Vergünstigung durch die Entwicklungsländer andere Länder zu einer Einschränkung ihrer durch die Konvention begründeten Verpflichtungen berechtigt, da nach Art. I Abs. 6 des Anhangs die Berufung auf die materielle Reziprozität ausdrücklich ausgeschlossen ist[92].

§ 4 Die amerikanischen Urheberrechtsabkommen und ihre Schutzprinzipien (Überblick)

a. Die Ausgangslage

Der Aufbau eines internationalen Urheberrechtsschutzsystems durch Abschluß völkerrechtlicher Verträge im europäischen Rechtskreis Ende des 19. Jahrhunderts blieb nicht ohne Einfluß auf die amerikanische Rechtsentwicklung. Auch hier empfand man das Bedürfnis, den fremden Urhebern den ihnen lange Zeit vorenthaltenen Rechtsschutz zukommen zu lassen[93].

Nachdem sich eine Eingliederung der überwiegenden Zahl amerikanischer Staaten in das auf der europäischen „Urheberrechtsphilosophie" aufgebaute Vertragswerk der Berner Union nicht erreichen ließ[94], regelten die Staaten des amerikanischen Kontinents ihre Urheberrechtsbeziehungen durch eine Vielzahl eigener Staatsverträge, von denen sich, abgesehen von den bilateralen Vereinbarungen[95] auch insgesamt 11 multilaterale Urheberrechtskonventionen feststellen lassen[96].

Keines dieser Abkommen hat jedoch sowohl hinsichtlich des Anwendungsgebietes als auch der Art und des Umfangs des gewährten Schutzes eine der Berner Union vergleichbare Bedeutung erlangt.

Die einzelnen Konventionen wurden immer nur für einen Teil der amerikanischen Staaten verbindlich, so daß sie schließlich ein Mosaik von Regelungen

---

[90] Damit blieb auch der Grundsatz der Inländerbehandlung in der auf der Stockholmer Konferenz festgelegten Fassung unverändert.

[91] Vgl. *Ulmer* in GRUR Int. 1969, 375 ff.; *ders.* in GRUR Int. 1970, 167 ff.; *ders.*, GRUR Int. 1971, 423 ff.; *v. Gamm* in NJW 1972, 2066.

[92] Vgl. *Ulmer* in GRUR Int. 1971, 428.

[93] Vgl. *Ladas*, Bd. I, S. 635.

[94] So gehörten von den amerikanischen Staaten nur Brasilien (Beitritt am 9. Februar 1922) und Kanada (Beitritt am 10. April 1928) den vor der Brüsseler Revision liegenden Fassungen der RBÜ an.

[95] Vgl. *Goldbaum* in UFITA Bd. 27 (1959) S. 257 ff., 343 ff.

[96] Vgl. *Ulmer*, Urheber- und Verlagsrecht, S. 69.

bildeten, deren Unübersichtlichkeit jede Bestimmung des internationalen Urheberrechtsschutzes in dieser Region außerordentlich erschwerte und in der Praxis zu weitgehender Rechtlosigkeit führte[97].

b. Die Konvention von Montevideo (1889)

Ausgangspunkt dieser Reihe multilateraler Abkommen war die Konvention von Montevideo von 1889[98] [99], die im Gegensatz zu den übrigen amerikanischen Urheberrechtskonventionen, vorbehaltlich der Annahme durch die einzelnen Vertragsstaaten, auch den Beitritt außeramerikanischer Staaten zuließ[100].

Schutzprinzip der Konvention von Montevideo ist im Gegensatz zu dem der Berner Übereinkunft die Verpflichtung zur Gewährung des dem Werk im Ursprungsland gewährten Schutzes, d. h. der „lex originis".

Gemäß Art. 2 des Abkommens „sollen die Urheber eines literarischen oder künstlerischen Werkes sowie deren Rechtsnachfolger in den Vertragsstaaten diejenigen Rechte genießen, die das Gesetz des Staates gewährt, in welchem die erste Veröffentlichung oder Herstellung stattgefunden hat[101]".

Ein erstmals in Bolivien erschienenes Werk genießt danach in Deutschland grundsätzlich den im bolivianischen Recht vorgesehenen Rechtsschutz, während andererseits das erstmals in Deutschland erschienene Werk in Bolivien Anspruch auf Schutz nach dem deutschen Urheberrechtsgesetz hat.

Die Verweisung auf das Recht des Ursprungslandes gilt jedoch nicht uneingeschränkt. Sie umfaßt, wie sich aus Art. 11 des Abkommens ergibt, nicht auch das anzuwendende Verfahrensrecht, für das der allgemeine Grundsatz der lex fori ausdrücklich anerkannt ist.

Darüber hinaus enthält die Konvention keine Befreiung von der Schutzvoraussetzung der Erfüllung von Förmlichkeiten, die sich daher ebenfalls nach

---

[97] Vgl. *Hoffmann* in UFITA Bd. 8 (1935) S. 271 ff., 275 ff.; *Heymann* in RabelsZ 1942, 25 ff.; *Goldbaum* in DdA 1946, 91 ff.; *ders.*, DdA 1948, 30 ff.

[98] Sie wurde von Argentinien, Bolivien, Chile, Paraguay, Peru und Uruguay unterzeichnet.

[99] Die Konvention von Montevideo ist jedoch nicht der erste multilaterale amerikanische Vertrag, der urheberrechtliche Bestimmungen enthält, da bereits der zwischen den Staaten Costa Rica, Guatemala, Honduras, Nicaragua und San Salvador abgeschlossene Friedensvertrag vom 16. Februar 1887 in Art. 20 eine Bestimmung über die Gewährung der Inländerbehandlung für die Autoren der Unterzeichnerstaaten enthielt. Vgl. *Ladas*, Bd. I, S. 635 f.

[100] Von den europäischen Staaten haben hiervon Belgien, Deutschland, Frankreich, Italien, Österreich, Spanien und Ungarn Gebrauch gemacht, wobei für Deutschland das Gegenseitigkeitsverhältnis, durch die Annahme des Beitritts, gegenüber Argentinien, Bolivien und Paraguay bestand. Vgl. *Röthlisberger*, Internationales Urheberrecht, S. 14; *Ulmer*, Urheber- und Verlagsrecht, S. 69 ff., S. 73; *Bappert/Wagner*, Internationales Urheberrecht, S. 295 ff.

[101] Vgl. *Canyes/Colborn/Piazza*, S. 187.

dem Recht des Schutzlandes richten. Schließlich sieht Art. 4 eine Durchbrechung der Grundregel der lex originis hinsichtlich der Schutzdauer entsprechend der materiellen Reziprozität vor. Danach richtet sich die Schutzfrist grundsätzlich nach dem Recht des Schutzlandes, kann aber für den Fall, daß diese im Ursprungsland kürzer ist, entsprechend begrenzt werden[102].
Die Bedeutung der Übereinkunft von Montevideo ist jedoch sehr gering geblieben. Für Deutschland regelt sie nach dem Abschluß des Welturheberrechtsabkommens derzeit die urheberrechtlichen Beziehungen nur noch im Verhältnis zu Bolivien, das als einziges Land der den deutschen Beitritt zur Konvention angenommenen Vertragsstaaten nicht dem Welturheberrechtsabkommen beigetreten ist und damit nicht der den Vorrang des Welturheberrechtsabkommens regelnden Bestimmungen des Art. XIX WUA unterfällt[103].

c. Weitere bedeutsame amerikanische Urheberrechtsabkommen

Im Anschluß an die Schaffung der Übereinkunft von Montevideo lassen sich auch im amerikanischen Rechtskreis eine Anzahl weiterer multilateraler Regelungen des Urheberschutzes sowohl in Friedensverträgen als auch besonderen Urheberrechtskonventionen nachweisen, deren Behandlung den Rahmen der vorliegenden Arbeit sprengen würde[104]. Ihre Schutzprinzipien reichen von der lex originis[105] bis zur Inländerbehandlung[106] sowie Mischformen hieraus[107].
Die Bemühungen amerikanischer Staaten richteten sich sodann auf eine Ablösung dieser Vielfalt von Abkommen, die keine wirkliche Verbesserung des interamerikanischen Urheberrechtsschutzes zur Folge hatten[108] und führten zu einer Vereinheitlichungsbewegung, deren Ergebnis eine 1946 in Washington von 21 amerikanischen Staaten unterzeichnete Urheberrechtskonvention bildete[109].
Der durch dieses Abkommen gewährte Schutz sah für die in ihrem Ursprungs-

---

[102] Vgl. *Bappert/Wagner*, ibid., S. 295.
[103] Vgl. *Bappert/Wagner*, ibid., S. 273, 296; von den übrigen Vertragsstaaten ist Argentinien dem WUA am 13. Febr. 1958, Paraguay am 11. März 1962 beigetreten, vgl. Übersicht in GRUR Int. 1975, 174 f.; *Ulmer*, Urheber- und Verlagsrecht, S. 73 f.
[104] Vgl. dazu ausführlich *Ladas*, Bd. I, S. 637 ff.; Canyes/Colborn/Piazza, S. 179 ff.
[105] Konvention von Caracas von 1911; vgl. *Ladas*, Bd. I, S. 637, DdA 1912, 58.
[106] Vgl. panamerikanische Konventionen von Mexiko von 1902, Rio de Janeiro von 1906 und Buenos Aires von 1910, vgl. *Ladas*, Bd. I, S. 639 ff.; DdA 1902, 82; DdA 1911, 45, 48; *Canyes/Colborn/Piazza*, S. 109 ff.
[107] Vgl. panamerikanische Konvention von Havanna von 1928; vgl. *Ladas*, Bd. I, S. 645 ff.; *Canyes/Colborn/Piazza*, S. 204 ff.
[108] Vgl. *Troller* in RabelsZ 1954, 9; *Goldbaum* in UFITA Bd. 27 (1959) S. 257 ff., 341 mit Hinweis auf mexikanische, chilenische und argentinische Nachdruckskandale.
[109] Die Konvention von Washington führte u. a. zur Aufhebung der zwischen den Vertragsstaaten bestehenden früheren urheberrechtlichen Staatsverträge, vgl. *Goldbaum* in DdA 1953, 68.

land geschützten Vertragswerke einen auf der Grundlage der Inländerbehandlung gewährten, durch eine Reihe „iure conventionis" vorgesehener Rechte ergänzten Rechtsschutz vor, der insgesamt eine im Vergleich zur Berner Übereinkunft (Rom-Fassung) geringe Schutzniveaudifferenz enthielt[110].

Doch konnte auch dieses Abkommen nicht die mit ihm verbundenen Erwartungen erfüllen, da es nicht gelang, die USA und Kanada als die auf dem amerikanischen Kontinent bedeutsamsten Staaten zur Ratifikation zu bewegen[111 112].

§ 5. Die Bildung und Fortentwicklung des Welturheberrechtsabkommens vom 6. September 1952

a. Der Anstoß zur Schaffung einer universellen Grundlage des internationalen Urheberrechtsschutzes

Die Rechtsstellung ausländischer Urheber hatte sich auf internationaler Ebene durch den Abschluß der großen Zahl zwei- und mehrseitiger Urheberrechtsabkommen entscheidend verbessert. So führte vor allem die Berner Übereinkunft zu einer außerordentlichen Ausdehnung und Anhebung des internationalen Urheberrechtsschutzes, der hinsichtlich seines Schutzniveaus selbst fortschrittlichen innerstaatlichen Urheberrechtsgesetzgebungen nicht nachstand[113].

Auch die amerikanischen Urheberrechtskonventionen bewirkten in ihrem Bereich eine, wenn auch partielle Verbesserung der Stellung fremder Urheber, wiewohl sie keine der Berner Übereinkunft vergleichbare Schutzhöhe gewährleisten konnten, da sie weder ein einheitliches Vertragssystem bildeten noch den internationalen Urheberrechtsschutz vereinfachende einheitliche Schutzprinzipien verwirklichten[114].

Im Lichte der Forderung nach einem umfassenden Schutz der Urheberrechte auf internationaler Ebene war jedoch der Hauptmangel dieses Vertragssystems, daß durch sie kein universaler internationaler Urheberrechtsschutz

---

110 Vgl. *Canyes/Colborn/Piazza*, S. 179 ff., 207 ff.; zum Vergleich der Konvention von Washi rgton mit der Berner Übereinkunft vgl. *Vilbois*, in Association 1946 bis 1949, S. 19 ff.; *Porier*, S. 37 ff.

111 Vgl. *Goldbaum* in DdA 1953, 30 ff.; *Ulmer*, Urheber- und Verlagsrecht, S. 69.

112 Einen weiteren Verlust an Bedeutung bedeutete der Abschluß des Welturheberrechtsabkommens, durch das eine Reihe amerikanischer Staaten nunmehr gebunden ist vgl. Übersicht in GRUR Int. 1975, 174 f.; *Bappert/Wagner*, Internationales Urheberrecht, S. 267 f.

113 Vgl. *Troller* in RabelsZ 1954, 1 ff.

114 Vgl. oben S. 42.

gewährleistet werden konnte, da sie nur jeweils wechselnde Gruppierungen der Staaten untereinenader banden[115] [116].
Bezüglich der Berner Übereinkunft hat es nicht an Versuchen gefehlt, diesen Mangel an universeller Geltung zu überwinden, insbesondere die amerikanischen Staaten zum Beitritt zu bewegen. Diese Bemühungen blieben jedoch ohne Erfolg, da man seitens der Berner Union nicht bereit war, entsprechend den Vorstellungen der betreffenden Staaten von dem erreichten Schutzniveau Abstriche zu machen[117].
Die Regelung der Rechtsstellung fremder Urheber im Verhältnis von nicht durch die mehrseitigen Urheberrechtsverträge verbundenen Staaten beschränkte sich auf bilaterale Abkommen, deren Vielfalt und Unübersichtlichkeit seit jeher die Rechtsanwendung erschwerten[118].

b. Die Vorarbeiten

Nachdem die Versuche, die Vereinigten Staaten für den Beitritt zur Berner Union zu gewinnen[119], Mitte der dreißiger Jahre endgültig gescheitert waren[120], gewann der von der brasilianischen Delegation auf der Rom-Konferenz angeregte Beschluß nach Ausarbeitung einer Konvention, die geeignet wäre, an die Stelle der Berner und der Havanna-Konvention zu treten und die Mitgliedsstaaten dieser Verträge zu umfassen, an Bedeutung und führte schließlich zur Ausarbeitung mehrerer Entwürfe[121].

---

[115] Vgl. *Ulmer* in GRUR Int. 1952, 16 ff.; *Bappert/Wagner*, Internationales Urheberrecht, S. 187 f.

[116] Bei den mehrseitigen amerikanischen Konventionen war mit Ausnahme der Konvention von Montevideo von 1889 die regionale Begrenzung des Schutzbereichs sogar beabsichtigt, da nur amerikanischen Staaten der Beitritt offenstand. Demgegenüber rührte die beschränkte Geltung der nach universeller Geltung strebenden Berner Übereinkunft aus der Höhe des durch sie gewährleisteten Schutzes her, den eine große Anzahl von Staaten weder ihren eigenen noch fremden Urhebers zu gewähren bereit waren.

[117] Es erwiesen sich hierbei insbesondere im Verhältnis zu den USA sowie einer Reihe anderer amerikanischer Staaten, die aus der europäischen Urheberrechtsentwicklung hervorgegangene Schutzkonzeption des Verzichts auf Förmlichkeiten, der Anerkennung des Urheberrechts auch für nicht schriftlich festgelegte Werke, die Lehre vom Urheberpersönlichkeitsrecht sowie die Bemessung der Schutzdauer als entscheidende, die Verständigung hindernde Unterschiede. Im Verhältnis zu den Entwicklungsländern waren es dagegen die unterschiedlichen Auffassungen bezüglich des Übersetzungsrechts und seiner Einschränkungen, die sich beitrittshindernd auswirkten; vgl. *Troller* in RabelsZ 1954, 12 ff.

[118] Vgl. *Majoros*, S. 1 ff.; *Troller*, ibid., S. 10 f.

[119] Vgl. den auf der Rom-Konferenz von 1928 geäußerten Wunsch nach einer Verständigung mit den amerikanischen Staaten, Actes de la Conference, S. 312, 350; vgl. auch *Ulmer*, Urheber- und Verlagsrecht, S. 82 mit weiteren Nachweisen.

[120] Vgl. *Ulmer* in GRUR Int. 1952, 16 ff.; *Troller*, ibid., S. 18 f.

[121] Vgl. *Troller*, ibid., S. 19 mit ausführlichen Nachweisen.

Diese Vorschläge sahen teils die Ersetzung beider Verträge durch eine universelle Konvention, teils die Schaffung eines zusätzlichen dritten Abkommens vor[122], wobei einige sich darum bemühten, eine Brücke zwischen den beiden Vertragssystemen zu schaffen, indem sie gegenseitig dem der einen Gruppe angehörenden Urheber den Schutz der anderen gewähren wollten[123].
Alle diese Lösungen erwiesen sich jedoch als nicht praktikabel, da einerseits der Schaffung eines völlig neuen universellen Abkommens zu große Widerstände entgegenstanden, andererseits die „Brückenlösung" wiederum nur eine Teillösung gebracht hätte.
Das Scheitern der Versuche der Schaffung einer allumfassenden Konvention sowie der Verbindung der bestehenden mehrseitigen Verträge führte zu der Bemühung um eine bescheidenere, jedoch realistischere Lösung eines ergänzenden Abkommens, das unter Berücksichtigung der bestehenden Konventionen möglichst viele Staaten verbinden und darüber hinaus auf bescheidenerer Grundlage dazu bewegen sollte, den weltumspannenden Urheberschutz zu verwirklichen[124].
Das erste Vorprojekt einer derartigen Konvention wurde 1936 in Paris von einer europäisch-amerikanischen Expertenkommission entworfen, die darin die Beibehaltung des durch die Berner Übereinkunft auf der Grundlage der Inländerbehandlung gewährleisteten Schutzes vorsah, im übrigen jedoch insbesondere das dort verwirklichte Verbot der Förmlichkeiten fallen lassen wollte.
Dieser Entwurf wurde unter Beifügung eines weiteren, von einem amerikanischen Komitee entworfenen Projekts von der belgischen Regierung den zu der Brüsseler Revisionskonferenz der Berner Übereinkunft eingeladenen Staaten zugestellt. Eine Expertenkommission prüfte sodann die von den beteiligten Staaten eingegangenen Antworten. Nachdem der Krieg die Weiterbehandlung dieser Entwürfe unterbrochen hatte, wurden die Arbeiten nach 1945 von der UNESCO, die sich eine Urheberrechtsabteilung angegliedert hatte, unter der Leitung von François Hepp wieder aufgenommen[125].
Das vorgesehene Abkommen sollte dabei universellen Zuschnitt haben, indem es allen Ländern ohne Rücksicht auf die Art und den Umfang ihres nationalen Urheberrechtsschutzes zum Beitritt offenstehen sollte[126].

---

122 Vgl. *Ulmer* in GRUR Int. 1952, 16 ff.; *Troller*, ibid., S. 19 ff.
123 Vgl. *Troller*, ibid., S. 20.
124 Vgl. *Troller*, ibid., S. 21.
125 Die Beteiligung der UNESCO erfolgte hierbei im Hinblick auf das Ziel, mit der Verbesserung des Urheberrechtsschutzes die Grundlagen für die raschere Verbreitung von wissenschaftlichen und literarischen Werken schaffen zu können, um dadurch die kulturelle Entwicklung insbesondere in den weniger entwickelten Ländern zu beschleunigen; vgl. *Ulmer* in GRUR Int. 1952, 17.
126 Diese globale Zielsetzung führte notgedrungen zu einer Erweiterung der zu überwindenden Schwierigkeiten, da der Interessenausgleich sich nicht mehr nur auf die Bestrebungen der amerikanischen Staaten ihre im Vergleich zu den kontinentalen

Eingehende rechtsvergleichende Untersuchungen der nationalen Urheberrechtsordnungen sowie des internationalen Urheberrechts, die von Expertenkommissionen in den Jahren 1947 bis 1949 angestellt wurden und zu denen Antworten von 46 Staaten vorlagen, bildeten zusammen mit den Vorschlägen der Kommission, die 1950 in Washington zusammengekommen war, die Grundlage einer von diesem Gremium ausgesprochenen Empfehlung nach Ausarbeitung eines Vorentwurfs für ein Welturheberrechtsabkommen[127].
Gestützt auf eine Umfrage nach den in dem neuen Abkommen zu verwirklichenden Grundsätzen, die von 25 Staaten beantwortet wurde, redigierte ein internationales Komitee unter dem Präsidium von Plinio Bolla vom 16. bis 23. Juni 1951 in Paris einen Entwurf, der wiederum den Staaten zur Stellungnahme zugesandt wurde. Dieser Entwurf und die hierzu eingetroffenen Antworten waren die Grundlage der Genfer Konferenz.
Grundgedanke des in dem Entwurf vorgesehenen Rechtsschutzes war, in gleicher Weise wie bei der Berner Übereinkunft, das Prinzip der Inländerbehandlung, das in Art. II des Entwurfs seinen Niederschlag fand.
Während hinsichtlich dieser Grundlage allgemeine Einigkeit bestand, verlangten einige Staaten Ergänzungen für den Fall, daß die Inländerbehandlung Staaten mit hochentwickeltem Urheberrechtsschutz dazu zwänge ausländischen Urhebern einen weiteren Schutz zu gewähren, als die eigenen Urheber im umgekehrten Fall in Anspruch nehmen könnten. Hierzu wurden von der deutschen Seite ergänzende Mindestschutzbestimmungen vorgeschlagen, während Schweden den Vertragsstaaten Vorbehalte zubilligen wollte[128].
Des weiteren wurde von mehreren europäischen Staaten der Wunsch geäußert, daß jedenfalls durch die nähere Bestimmung des Kreises der auf Grund des Abkommens zu schützenden Werke ein gewisser Mindestschutz in den Vertrag verankert werden sollte.
Diese auf eine Ergänzung des Grundsatzes der Inländerbehandlung gerichteten Vorschläge stießen auf erbitterten Widerstand insbesondere der amerikanischen Vertreter, die sich jeder näheren konventionsrechtlichen Bestimmung des Vertragsschutzes entgegenstellten und eine möglichst selbständige Durchführung der Inländerbehandlung verlangten[129].

---

europäischen unterschiedlich konzipierten Urheberrechtssysteme in das Abkommen einzubauen beschränkte, sondern auch die Interessen der Entwicklungsländer berücksichtigen mußte, die bestrebt waren, mittels weitreichender Einschränkungen der urheberrechtlichen Befugnisse, insbesondere des Übersetzungsrechts, sich den Zugang zu den Werken aus aller Welt offenzuhalten. Vgl. Troller, ibid., S. 22.

[127] Vgl. dazu ausführlich UNESCO Copyright Bulletin II, Nr. 2-3 (1949) 171 ff.; III, Nr. 3-4 (1950), 1 ff., IV, Nr. 3 (1951), 1 ff.; *Ulmer* in GRUR Int. 1952, 17; *Troller*, ibid., S. 22 ff.

[128] Vgl. *Ulmer* in GRUR Int. 1952, 18.

[129] Vgl. *Ulmer* in GRUR Int. 1952, 18, der in diesem Zusammenhang darauf hinweist, daß Einigung nur darüber zu erzielen war, daß Art. I des Entwurfs eine Verpflichtung der Staaten enthalten sollte, Maßnahmen für einen wirksamen Schutz der Rechte der Urheber und ihrer Rechtsnachfolger an literarischen, künstlerischen und wissenschaft-

Der in dem Entwurf in Art. II enthaltene Inländerbehandlungsgrundsatz hatte schließlich folgenden Wortlaut[130]:

1. „Les œuvres publiées des ressortissants de tout Etat contractant ainsi que les œuvres publiées pour la première fois sur le territoire d'un tel Etat jouissant, dans tout autre Etat contractant, de la protection que cet Etat accorde aux œuvres de ses ressortissants publiées pour la première fois sur son propre territoire.
2. Les œuvres non publiées des ressortissants de tout Etat contractant jouissent, dans tout autre Etat contractant, de la protection que cet Etat accorde aux œuvres non publiées de ses ressortissants.
3. Les personnes apatrides résidant d'une façon permanente dans un Etat contractant seront, pour l'application de la présente convention, considérées comme des ressortissants de cet Etat."

c. Die Schutzprinzipien der ursprünglichen Fassung

Die in den Verhandlungen zum Vorentwurf noch zutage getretenen Auffassungsunterschiede hinsichtlich der Grundsätze des Konventionsschutzes konnten auf der Staatenkonferenz, die auf Einladung der UNESCO für die Zeit vom 18. August bis 6. September 1952 nach Genf einberufen worden war, im wesentlichen bereinigt werden. Insbesondere wurde Einigung darüber erzielt, daß der Inländerbehandlungsgrundsatz Ergänzungen durch besondere Bestimmungen und Ausnahmen über Formvorschriften (Art. III), die Schutzdauer (Art. IV) und das Übersetzungsrecht (Art. V) unterliegen sollte[131].
Die von verschiedenen Ländern geforderte weitgehende Berücksichtigung der materiellen Reziprozität fand jedoch keine Mehrheit[132].
Die für die Inländerbehandlung maßgebende Bestimmung des Art. II erhielt sodann folgende endgültige Fassung[133]:

1. „Die veröffentlichten Werke der Angehörigen eines vertragschließenden Staates sowie die zuerst in dem Gebiet eines solchen Staates veröffentlich-

---

lichen Werken zu treffen, wobei der Begriff der literarischen und künstlerischen Werke eine gewisse Erläuterung durch die Hervorhebung von Beispielen erfahren sollte.

[130] Vgl. Actes de la Conference de Geneve, S. 345.

[131] Vgl. *Blake* in GRUR Int. 1953, 101 f.

[132] So wurde sowohl der Vorschlag Japans, diejenigen Werke von der Inländerbehandlung auszuschließen, die in ihrem Ursprungsland nicht geschützt sind, als auch der Jugoslawiens, den vertragschließenden Staaten zusätzlich die Möglichkeit einzuräumen, den Schutz veröffentlichter Werke von Angehörigen solcher nicht vertragschließenden Staaten einzuschränken, die den Urhebern von Vertragsstaaten keinen ausreichenden Schutz gewähren, abgelehnt. Vgl. *Blake*, ibid., 101.

[133] Zu der im Rahmen der Ausgestaltung des Art. II WUA entstandenen Kontroverse über die Frage der Anknüpfungspunkte und der damit zusammenhängenden Zusatzprotokolle 1 und 2, vgl. *Blake*, ibid., 101.

ten Werke genießen in jedem anderen vertragschließenden Staat den gleichen Schutz, den dieser andere Staat den zuerst in seinem eigenen Gebiet veröffentlichten Werken seiner Staatsangehörigen gewährt.
2. Die nichtveröffentlichten Werke der Angehörigen eines vertragschließenden Staates genießen in jedem anderen vertragschließenden Staat den gleichen Schutz, den dieser andere Staat den nichtveröffentlichten Werken seiner Staatsangehörigen gewährt.
3. Für die Anwendung dieses Abkommens kann jeder vertragschließende Staat durch seine Gesetzgebung seinen Staatsangehörigen die Personen gleichstellen, die ihren Wohnsitz in seinem Staatsgebiet haben."

d. Die Pariser Revision des Welturheberrechtsabkommens (1971)

Im Gegensatz zu der auf der Pariser Konferenz erfolgten Revision der Berner Übereinkunft[134] handelt es sich bei der gleichzeitig vorgenommenen erstmaligen Revision des WUA um eine weitreichende Veränderung des Konventionsschutzes. Galt es doch entsprechend der Washingtoner Empfehlung[135] im Text des Abkommens die grundlegenden Verwertungsrechte als Mindestrechte des Urhebers zu verankern, sowie die den Vertragsstaaten hierbei möglichen Einschränkungen festzulegen[136].
Darüber hinaus mußte eine Regelung für die den Entwicklungsländern einzuräumenden Beschränkungen des Übersetzungs- und Vervielfältigungsrechts sowie der für diese vorgesehenen Möglichkeit der Suspension der in der Zusatzerklärung zu Art. XVII enthaltenen Schutzklausel für die Berner Union gefunden werden[137].
Unberührt von der Revision blieb dagegen der Grundsatz der Inländerbehandlung, der insbesondere durch die Sonderbestimmung für die Entwicklungsländer keine Ausnahmen erfahren hat, da man sich einig war, ohne daß dies, wie im Anhang zum Pariser Akt der RBÜ[138] ausdrücklich im Vertragstext erklärt wurde, daß die Inanspruchnahme der Vergünstigungen durch die Entwicklungsländer die übrigen Vertragsstaaten nicht zu einer Einschränkung ihrer durch die Konventionen begründeten Verpflichtungen berechtige.
Dem Prinzip der materiellen Reziprozität wurde insoweit keine Einflußnahme

---

134 Vgl. oben S. 37 ff.
135 Die von der sog. gemeinsamen (vom Regierungsausschuß des WUA und dem ständigen Ausschuß der Berner Union gemeinsam eingesetzten) Studiengruppe im Oktober 1969 zur Vorbereitung der Pariser Konferenz ausgesprochen wurde; vgl. *Ulmer* in GRUR Int. 1969, 375 ff.
136 Vgl. *Ulmer* in GRUR Int. 1971, 423 ff.; *v. Gamm* in NJW 1972, 2065 ff.
137 Zu der Regelung des Verhältnisses der ursprünglichen und der revidierten Konvention sowie die neueren Bestimmungen über den Regierungsausschuß, vgl. *Ulmer* in GRUR Int. 1971, 425.
138 Vgl. Art. I Abs. 6 Anhang zum Pariser Akt der RBÜ.

auf den durch die Inländerbehandlung gewährleisteten Vertragsschutz eingeräumt[139].

§ 6. Die bilateralen Urheberrechtsregelungen (Überblick)

a. Die Bedeutung der bilateralen Abmachungen für den internationalen Urheberrechtsschutz

Neben den mehrseitigen Urheberrechtskonventionen lassen sich im Bereich des internationalen Urheberrechts bis in die jüngste Zeit hinein eine große Anzahl bilateraler Vereinbarungen zum Schutze fremder Urheber feststellen, von denen jedoch nur ein Teil als ausschließlich urheberrechtliche Abkommen abgeschlossen sind[140].

Dem Urheberschutz dienende Vorschriften lassen sich somit in den verschiedensten Handels- und Freundschaftsverträgen sowie anderen nicht ausschließlich dem Urheberrechtsschutz dienenden Vereinbarungen finden. Der überwiegende Teil der bilateralen urheberrechtlichen Vereinbarungen verdankt seine Entstehung dem Bedürfnis der urheberrechtlich interessierten Staaten, den Rechtsschutz ihrer Staatsangehörigen auch im Verhältnis zu den Ländern zu sichern, die, aus welchen Gründen auch immer, nicht zu einem Beitritt zu den mehrseitigen Urheberrechtskonventionen zu bewegen waren.

Da sich der internationale Urheberrechtsschutz in der Zwischenzeit insbesondere durch den Abschluß des Welturheberrechtsabkommens immer stärker auf die multinationalen Konventionen verlagert hat, hat der größte Teil der bilateralen Vereinbarungen an Bedeutung verloren.

Dies gilt insbesondere im Verhältnis der Staaten, deren Urheberrechtsbeziehungen sich lange Zeit auf die zweiseitigen Vereinbarungen beschränkt hatten, die jedoch später entweder dem Berner Verband beigetreten sind oder das WUA unterzeichnet haben.

Die zweiseitigen Staatsverträge haben daher – von Ausnahmen abgesehen – im internationalen Urheberrecht in erster Linie Bedeutung im Verhältnis von Staaten, die nicht durch die mehrseitige Urheberrechtskonvention gebunden sind[141].

Unter den von *Majoros*[142] angeführten zweiseitigen Vereinbarungen lassen

---

[139] Vgl. *Ulmer* in GRUR Int. 1971, 428.

[140] Vgl. *Majoros*, S. IX und S. 100 ff., der in seiner Untersuchung insgesamt 99 zweiseitige Vereinbarungen festgestellt hat.

[141] Vgl. *Bappert/Wagner*, Internationales Urheberrecht, S. 301.

[142] Vgl. *Majoros*, S. 100 ff.; nicht jedoch findet sich in dieser Aufzählung das ebenfalls hierzu gehörende Abkommen zwischen den USA und der Republik Südafrika, vgl. GRUR Int. 1972, 256.

sich insgesamt 22 feststellen, die den Urheberrechtsschutz im Verhältnis zu Staaten regeln, die durch die RBÜ oder das WUA nicht verbunden sind[143].

b. Die für den Schutz im Verhältnis zur Bundesrepublik Deutschland maßgebenden zweiseitigen Vereinbarungen und ihre Schutzprinzipien

Im Verhältnis zu den Staaten, mit denen die Bundesrepublik Deutschland nicht durch die mehrseitigen Urheberrechtskonventionen verbunden ist, bestimmt sich der gegenseitige Schutz nach Maßgabe folgender bilateraler Vereinbarungen.

aa. Der deutsch-ägyptische Vertrag von 1951

Im Verhältnis der Bundesrepublik Deutschland zu Ägypten gilt das Handelsabkommen zwischen der Regierung der Bundesrepublik und der königlich-ägyptischen Regierung vom 21. April 1951[144].
Nach Art. III Satz 1 des Abkommens genießen die natürlichen und juristischen Personen der Vertragsparteien Inländerbehandlung „in bezug auf den Erwerb, Besitz und die Erneuerung von gewerblichen Schutzrechten sowie literarischen und künstlerischen Urheberrechten."
Hinsichtlich des zu gewährenden Schutzes beschränkt sich die in Art. III Satz 2 des Abkommens enthaltene Regelung auf die Zusicherung des Schutzes der . . . „literarischen und künstlerischen Eigentumsrechte" seitens der Regierungen.

---

[143] Von den Ländern, die weder der RBÜ noch dem WUA angehören, sind durch bilaterale Verträge gebunden (Stand 1. Januar 1975):
Ägypten mit Deutschland (Vertrag vom 21. April 1951);
Bolivien mit Frankreich (Vertrag vom 8. Sept. 1887);
China (Republik) mit den USA (Vertrag vom 4. Nov. 1946);
Dominikanische Republik mit Mexiko (Vertrag vom 29. März 1890) und Spanien (Verträge vom 4. Nov. 1930 und 21. Jan. 1953);
Iran mit der UdSSR (Vertrag vom 26. Febr. 1921) und Deutschland (Vertrag vom 24. Febr. 1930);
Kolumbien mit Spanien (Vertrag vom 28. Nov. 1885), Italien (Vertrag vom 27. Okt. 1892), Schweiz (Vertrag vom 14. März 1908), Schweden (Vertrag vom 9. März 1928), Frankreich (Vertrag vom 28. April 1953) und Deutschland (Vertrag vom 11. Mai 1959);
San Martino mit Italien (Vertrag vom 31. März 1939);
San Salvador mit Frankreich (Vertrag vom 9. Juni 1880), Spanien (Vertrag vom 23. Juni 1884) und Mexiko (Vertrag vom 2. Sept. 1953).
Von den Ländern, die zwar entweder Mitglieder der Berner Übereinkunft oder des WUA sind, ohne jedoch durch einen der beiden Konventionen gemeinsam verbunden zu sein, haben bilaterale Vereinbarungen getroffen:
USA mit Thailand (Vertrag vom 13. Nov. 1937) und der Republik Südafrika.

[144] Vgl. BGBl. 1952 II 526; das Abkommen ist am 31. Mai 1952 auf Grund der Bekanntmachung vom 12. Jan. 1954 (BGBl. 1954 II 13) in Kraft getreten.

bb. Das deutsch-iranische Abkommen von 1930

Zwischen Deutschland und dem Iran kommt das „Abkommen zwischen dem Deutschen Reich und dem Kaiserreich Persien über den Schutz von Erfindungspatenten, Fabrik- und Handelsmarken, von Handelsnamen und Mustern sowie von Werken der Kunst und Literatur" vom 24. Februar 1930 zur Anwendung[145].

Nach Art. I Abs. 1 des Abkommens genießen die Angehörigen und die Gesellschaften der Vertragsstaaten „im Gebiet des anderen Teils bezüglich . . . des künstlerischen und literarischen Eigentums die gleichen Rechte wie die Angehörigen und die Gesellschaften dieses Teils unter der Voraussetzung, daß sie die durch die in diesem Gebiet in Kraft befindlichen Gesetze vorgeschriebenen Förmlichkeiten erfüllen".

cc. Der deutsch-kolumbianische Vertrag von 1959

Im Verhältnis zu Kolumbien gilt der „Vertrag zwischen der Bundesrepublik Deutschland und der Republik Kolumbien über den gegenseitigen Schutz von Werken der Wissenschaft, Literatur und Kunst" vom 11. Mai 1959[146].

Nach dem für die Schutzgewährung maßgebenden Art. I des Abkommens genießen die Staatsangehörigen der Vertragsstaaten und ihre Rechtsnachfolger „auf dem Gebiet der anderen Partei für ihre Werke der Wissenschaft, Literatur und Kunst einschließlich der Werke der Musik, alle Rechte, die die Gesetze des betreffenden Landes den eigenen Staatsangehörigen zur Zeit gewähren oder künftig gewähren werden, gleichviel auch, wo der Urheber seinen gegenwärtigen Wohnsitz oder seinen Aufenthalt hat[147]".

dd. Die besonderen Abkommen mit Verbandsstaaten der Berner Übereinkunft

Zusätzlich haben folgende zweiseitige Verträge mit Vertragsstaaten der Berner Übereinkunft im Hinblick auf ihrem weitergehenden Schutz im Verhältnis zur Bundesrepublik Deutschland Bedeutung[148].

---

[145] Vgl. RGBl. II 981; das Abkommen ist am 1. Febr. 1931 auf Grund der Bekanntmachung vom 6. Febr. 1931 (RGBl. II 29) in Kraft getreten. Nach dem Zweiten Weltkrieg ist das Abkommen durch ein Protokoll vom 4. Nov. 1954 (BGBl. 1955 II 829) wieder in Kraft gesetzt worden.

[146] Vgl. BGBl. 1961 II 13.

[147] Das Abkommen enthält darüber hinaus Bestimmungen über Art und Umfang des Schutzes (Art. II Grundsatz der Formfreiheit, Art. III Begriffs des Urhebers, Art. IV zeitlicher Anwendungsbereich, Art. VI anwendbares Recht bei Rechtsverletzungen).

[148] Die Beschränkung auf das Verhältnis zu Vertragsstaaten der RBÜ ergibt sich aus dem Fehlen einer der Bestimmung des Art. XVIII WUA entsprechenden Regelung in der RBÜ. Während das WUA der Regel der lex posterior untersteht, die unabhängig davon gilt, ob das frühere Abkommen einen gegenüber dem WUA weitergehenden Schutz vorsah, kommt es im Verhältnis zur RBÜ, nach der in Art. 20 enthaltenen Regel, darauf

Im Verhältnis zu Österreich, das „Übereinkommen zwischen dem deutschen Reich und der Republik Österreich über Fragen des gegenseitigen gewerblichen Rechtsschutzes und des gegenseitigen Schutzes des Urheberrechts" vom 15. Februar 1930[149].

Nach Art. 6 dieses Abkommens genießen die einem der beiden Staaten angehörenden Urheber von Werken der Literatur, Kunst und Photographie im Gegensatz zu der in der Revidierten Berner Übereinkunft (Rom- und Brüsseler Fassung) enthaltenen Regelung der Anknüpfungspunkte[150] auch für solche Werke, die außerhalb des Gebiets des Berner Verbands zum ersten Mal veröffentlicht sind, in dem anderen Staat die gleichen Rechte wie die inländischen Urheber. Im Verhältnis zu Ungarn, das „Abkommen zwischen dem Deutschen Reich und dem Königreich Ungarn über den gegenseitigen Schutz von Werken der Literatur und Kunst" vom 6. November 1940[151].

Ebenso wie das deutsch-österreichische Abkommen (Art. 6) bestimmt Art. 1 dieses Abkommens, daß für die Dauer der Zugehörigkeit der beiden vertragschließenden Teile zur Berner Übereinkunft die ihnen angehörigen Urheber von Werken der Literatur, Wissenschaft, Kunst und Photographie auch für solche Werke, die außerhalb des Gebiets des Berner Verbands zum ersten Mal veröffentlicht sind, in dem Gebiet des anderen vertragschließenden Teils die gleichen Rechte wie die inländischen Urheber genießen.

Während die Erweiterung des Anknüpfungsbereichs der Berner Union für den gegenseitigen Urheberschutz im Verhältnis zu Österreich durch das Abkommen vom 15. Februar 1930 auf Grund des übereinstimmenden Willens der Vertragsparteien nach der Unterbrechung durch die Kriegsereignisse seit 1952 wieder Geltung hat, beschränkt sich die Geltung der im Verhältnis zu Ungarn getroffenen Regelung wegen der fehlenden Inkraftsetzung nach dem Krieg auf den Zeitraum zwischen seinem Inkrafttreten am 6. August 1941 und der Außerkraftsetzung auf Grund der Kriegsereignisse.

---

an, ob das jeweilige Abkommen einen über den Verbandsschutz hinausgehenden Schutz enthält.

149 RGBl. II 1078; nach der Bekanntmachung vom 1. Okt. 1930 (RGBl. II 1229) ist das Abkommen am 19. Sept. 1930 in Kraft getreten. Nach dem Zweiten Weltkrieg wurde das Abkommen auf Grund der Bekanntmachung vom 13. März 1952 (BGBl. 1952 II 436) mit Wirkung vom 1. Jan. 1952 wieder angewendet. Mit dem Inkrafttreten des WUA bzw. der Stockholm-Pariser Fassung der RBU und den dort vorgesehenen erweiterten Anknüpfungspunkten (vgl. unten S. 67 f. bzw. 70 f.) hat es jedoch seine Bedeutung endgültig verloren.

150 Vgl. unten S. 62 ff.

151 RGBl. 1941 II 226; nach der Bekanntmachung vom 31. Mai 1941 (RGBl. II 225) ist das Abkommen am 6. Aug. 1941 in Kraft getreten. Nach dem Zweiten Weltkrieg ist eine Wiederinkraftsetzung des Abkommens bisher noch nicht erfolgt.

Zweiter Teil: Der im Berner Verband und durch das Welturheberrechtsabkommen auf der Grundlage der Inländerbehandlung gewährte Rechtsschutz

Drittes Kapitel: Anwendungsbereich und Geltung der Konvention

§ 7. Der Anwendungsbereich der Konventionen (Die Anknüpfung des Schutzes)

a. Vorbemerkung zur Anknüpfung

Der Frage nach Art und Umfang des durch die internationalen Urheberrechtskonventionen vorgesehenen Rechtsschutzes ist, da sowohl die Revidierte Berner Übereinkunft[1] als auch das Welturheberrechtsabkommen[2] nicht einen universellen Schutz fremder urheberrechtlicher Werke vorsehen, sondern in erster Linie eine Verbesserung des internationalen Rechtsschutzes im Verhältnis der Vertragsstaaten beabsichtigen, diejenige nach ihrem sachlichen Anwendungsbereich systematisch vorangestellt. Erst wenn festgestellt ist, welche Werke von dem betreffenden Abkommen erfaßt werden, kann die Frage nach dem zu gewährenden Schutz Bedeutung gewinnen[3].
Die Aufgabe der Abgrenzung des Schutzbereichs erfüllen sowohl für die RBÜ als auch für das WUA die konventionellen Regeln der Anknüpfungspunkte, die, ähnlich wie bei internationalen privatrechtlichen Verweisungsnormen der nationalen Rechtsordnungen, die rechtlichen Merkmale festlegen, an deren Vorliegen sich die Schutzgewährung knüpft.
Inhaltlich unterscheiden sich die Regeln der Anknüpfungspunkte je nachdem, um welche der Konventionen es sich handelt, wobei insbesondere bei der Berner Übereinkunft darüber hinaus die unterschiedlichen Regelungen der verschiedenen Fassungen berücksichtigt werden müssen.
Der Anwendungsbereich der Urheberrechtskonventionen läßt sich somit nicht pauschal umschreiben, sondern erfordert eine detaillierte Untersuchung der Bestimmungen der Anknüpfungspunkte für jede der für die Schutzgewährung in Betracht zu ziehenden Konventionen, in der für den Schutz des betreffenden Werkes maßgebenden Fassung[4].

---

[1] Im folgenden abgekürzt RBÜ,
[2] Im folgenden abgekürzt WUA,
[3] Vgl. dazu grundlegend *Ulmer*, Anknüpfungspunkte, S. 57 ff.
[4] Vgl. dazu unten S. 69 f. bzw. 72 f.

b. Die Regelung der Anknüpfungspunkte

aa. Das System der Berner Übereinkunft

Ausgangspunkt der Regelung der Anknüpfungspunkte im Bereich der Berner Union waren die auf der Berner Konferenz von 1883[5] erörterten Anknüpfungssysteme, der Anknüpfung an die Nationalität des Urhebers sowie der durch den Ort der Veröffentlichung bestimmten Anknüpfung an die Nationalität des Werkes[6], [7].

Beide Anknüpfungspunkte lassen sich daher auch in der ursprünglichen Fassung der Berner Übereinkunft von 1886 feststellen.

So richtete sich der Verbandsschutz für unveröffentlichte Werke gemäß Art. 2 Abs. 1 BÜ danach, ob der Urheber die Staatsangehörigkeit eines Verbandslandes nachweisen konnte[8], während für die veröffentlichten Werke der Urheber nur dann durch die Konvention geschützt war, wenn – abgesehen von der Staatsangehörigkeit zu einem Verbandsland – auch dem Anknüpfungspunkt der Nationalität des Werkes, d. h. dem Erfordernis der Veröffentlichung[9], in einem Verbandsland Genüge getan war, so daß insoweit von einer Kummulierung der Anknüpfungssysteme gesprochen werden kann.

Die reine Anknüpfung an die Nationalität des Werkes beschränkte sich dagegen nach der Regel des Art. 3 BÜ auf die Fälle einer Veröffentlichung eines Werkes eines verbandsfremden Urhebers in einem Verbandsland, in dem kurioserweise, bis zu der Änderung durch die Pariser Zusatzakte von 1896[10],

---

[5] Vgl. oben S. 20 f.

[6] Vgl. dazu die Protokolle der Konferenz, abgedruckt in Association Littéraire et Artistique International, son histoire et ses travaux, S. 183 ff.

[7] Vgl. *Ulmer*, Anknüpfungspunkte, S. 59, zu dem darüber hinausgehenden Vorschlag Clunet's bezüglich einer Verbindung beider Systeme sowie deren Ergänzung durch die zusätzliche Anknüpfung an den Wohnsitz des Urhebers in einem Verbandsland.

[8] Die sich im Zusammenhang mit dem Anknüpfungspunkt der Staatsangehörigkeit ergebenden Fragen bei Mehrstaatern bzw. Staatsangehörigkeitswechsel, wurden dahingehend beantwortet, daß bei mehrfacher Staatsangehörigkeit die eines Verbandslandes, ggf. die des Verbandslandes mit der kürzesten Schutzfrist, bei Staatsangehörigkeitswechsel bei veröffentlichten Werken diejenige im Zeitpunkt der Veröffentlichung, bei unveröffentlichten diejenige im Zeitpunkt des Schutzbegehrens maßgebend sein sollte; vgl. *Röthlisberger*, Berner Übereinkunft, S. 83 ff.; *Katzenberger* in GRUR Int. 1973, 274 ff.

[9] Der in der ursprünglichen Fassung der Berner Übereinkunft nicht näher bestimmte Anknüpfungspunkt der Veröffentlichung wurde durch die Pariser Zusatzakte von 1896 sowie die Pariser Deklaration 1896 entsprechend der allgemeinen Auslegung dahingehend festgelegt, daß hierunter nur die erstmalige Veröffentlichung, und zwar im Wege einer verlagsmäßigen Herausgabe, zu verstehen war, während die bloße Aufführung und Ausstellung geschützter Werke für die Veröffentlichung i. S. der Konvention nicht genügte; vgl. *Röthlisberger*, ibid., S. 88 ff.

[10] Die Pariser Zusatzakte von 1896 beendete die bis dahin bestehende Diskriminierung der Urheber, indem sie dem Anknüpfungspunkt der Nationalität des Werkes erstmals

jedoch der Konventionsschutz den inländischen Verlegern vorbehalten war, während fremde Urheber ohne einen solchen ungeschützt blieben.
Diese unausgewogene Regelung des Anwendungsbereichs wurde auf der Berliner Revisionskonferenz (1908) einer grundlegenden inhaltlichen und redaktionellen Änderung unterzogen, die zu einer Erweiterung des konventionellen Anwendungsbereichs führte.
Dem Anknüpfungspunkt der Nationalität des Werkes wurde erstmals umfassende Bedeutung bei der Bestimmung des Konventionsschutzes durch Art. 6 RBÜ beigemessen und damit die Erstveröffentlichung[11] in einem Verbandsland zur maßgebenden Schutzvoraussetzung erhoben[12].
Daneben beschränkte sich die Bedeutung des Anknüpfungspunktes der Staatsangehörigkeit des Urhebers zu einem Verbandsland gemäß Art. 4 RBÜ auf den Bereich der unveröffentlichten Werke.
Die Revisionen der Berner Union von Rom (1928) und Brüssel (1948) brachten demgegenüber, abgesehen von dem weiteren Ausbau des konventionseigenen Veröffentlichungsbegriffs (Art. 4 Abs. 3 und 4 RBÜ Brüsseler Fassung), keine weiteren Änderungen der Bestimmungen der Anknüpfungspunkte, so daß der Anwendungsbereich der Konvention in seiner Brüsseler Fassung wie folgt festgelegt werden kann.
Geschützt sind:

1. die veröffentlichten Werke, deren erstmalige oder gleichzeitige Veröffentlichung in einem Verbandsland erfolgte, ohne Rücksicht auf die Staatsangehörigkeit des Urhebers (Art. 4 Abs. 1 und Art. 6 RBÜ)[13];

---

auch für die veröffentlichten Werke fremder Urheber Anerkennung verschaffte; vgl. *Röthlisberger*, ibid., S. 129 ff.

[11] Der durch die Pariser Zusatzakte von 1896 Ziff. 2 in das Abkommen einbezogene Veröffentlichungsbegriff erfuhr durch Art. 4 Abs. 4 RBÜ eine für den Bereich der Konvention authentische Festlegung. Danach war unter der Veröffentlichung i. S. der RBÜ in erster Linie das Erscheinen i. S. der Herstellung einer genügenden Anzahl für den Verkauf bestimmter Vervielfältigungsstücke und deren Angebot an die Öffentlichkeit zu verstehen. Die Aufführung eines Werkes, dessen Ausstellung und die Errichtung eines Bauwerkes stellten dagegen ebensowenig eine Veröffentlichung i. S. der Konvention dar, wie die rundfunkmäßige Wiedergabe. Vgl. *Hoffmann*, Berner Übereinkunft, S. 77 ff.

[12] Vgl. belgischer Kassationshof (DdA 1931, 71), der insbesondere darauf hinweist, daß der Verbandsschutz für veröffentlichte Werke auf Grund der neuen Regelung auch dann gewahrt bleibt, wenn auf Grund eines Staatsangehörigkeitswechsels oder -verlusts die Verbandsangehörigkeit des Urhebers verloren geht.

[13] Vgl. *Bappert/Wagner*, Internationales Urheberrecht, S. 71, die im Zusammenhang mit Art. 4 Abs. 1 RBÜ als Schutzvoraussetzung bei veröffentlichten Werken auch die Verbandsangehörigkeit des Urhebers fordern, diese Forderung durch einen Hinweis auf Art. 6 RBÜ jedoch einschränken. Diese Auslegung des Art. 4 Abs. 1 kann jedoch nicht richtig sein, da der Anwendungsbereich der RBÜ nur einheitlich bestimmt werden kann und bei der Festlegung der Anknüpfungspunkte des Art. 4 Abs, 1 bereits die Regelung des Art. 6 zu berücksichtigen ist. Vgl. dazu *Hoffmann*, ibid., S. 75.

2. die nicht veröffentlichten Werke von Urhebern, die die Staatsangehörigkeit eines Verbandslandes im Zeitpunkt des Schutzbegehrens, besitzen (Art. 4 Abs. 1 RBÜ)[14 15].

Die Revisionen von Stockholm und Paris[16] haben gegenüber den älteren Fassungen der RBÜ durch den Ausbau der bestehenden Regelung der Anknüpfungspunkte nicht nur eine weitere Ausdehnung des Anwendungsbereichs der Konventionen bewirkt, die einen großen Schritt auf dem Wege der Liberalisierung des internationalen Urheberrechtsschutzes darstellt[17], sondern darüber hinaus, auf Grund der wegweisenden Vorschläge Ulmers, zu einer grundlegenden systematischen Neuordnung dieses Konventionsbereichs geführt[18].
In der Stockholmer Fassung bzw. Pariser Akte wurde darüber hinaus erstmals in der Verbandsgeschichte die Staatsangehörigkeit des Urhebers zu einem Verbandsland unter gleichzeitiger Beseitigung des Erfordernisses der erstmaligen Veröffentlichung im Verbandsgebiet zum uneingeschränkten Anknüpfungspunkt des Konventionsschutzes erhoben. Dieser allgemeinen Schutzvoraussetzung der „Nationalität des Urhebers" wurde der Anknüpfungspunkt der „Nationalität des Werkes" gleichberechtigt zur Seite gestellt, wonach alle Werke, deren Urheber keinem Verbandsland angehören, dann unter den Schutz der Konvention fallen, wenn eine erstmalige oder gleichzeitige Veröffentlichung in einem Verbandsland erfolgt ist[19].
Damit ist das von Clunet bereits im Jahre 1883 geforderte „système cummulatif" in der Frage des Anwendungsbereichs der Berner Union verwirklicht[20].
Daneben tritt als zusätzlicher, ebenfalls von Clunet vorgeschlagener, Anknüp-

---

[14] Vgl. *Hoffmann*, ibid., S. 83, der darauf hinweist, daß es hierfür gleichgültig ist, ob beim Entstehen des Werkes, insbesondere bei seiner Vollendung, diese Verbandszugehörigkeit des Urhebers bereits vorhanden war.

[15] Nachgelassene Werke sind, je nachdem ob es sich um veröffentlichte oder nicht veröffentlichte Werke handelt, nach den oben genannten Grundsätzen geschützt. Die Staatsangehörigkeit des Rechtsnachfolgers des Urhebers ist für die Frage des Konventionsschutzes ohne Belang. Vgl. *Allfeld*, Urheberrecht, S. 416; *Hoffmann*, ibid., S. 83.

[16] Vgl. zu dem inhaltlichen Zusammenhang der beiden Fassungen oben S. 36 ff.

[17] Vgl. *Ulmer*, Anknüpfungspunkte, S. 60.

[18] Die systematische Neuordnung liegt vor allem in der Trennung der Regeln der Anknüpfungspunkte von der des konventionellen Begriffs des Ursprungslandes, der seit der Revision von Berlin, bei der das Erfordernis der Erfüllung der im Ursprungsland des Werkes gesetzlich vorgeschriebenen Förmlichkeiten und Bedingungen fallengelassen wurde, keine Bedeutung für die Frage des konventionellen Anwendungsbereiches mehr hatte, sondern ausschließlich zur Abgrenzung des durch die Konvention gewährten Schutzumfangs diente. Vgl. *Ulmer*, ibid., S. 61 ff.; *Reimer* in: Stockholmer Konferenz 1967, S. 8.

[19] Vgl. *Ulmer*, ibid., S. 60.

[20] Vgl. oben S. 20; gegenüber dem Clunet'schen Vorschlag besteht jedoch insofern eine Abweichung, als dieser den Begriff der Veröffentlichung in einem auch gegenüber der Stockholm-Pariser Fassung der RBÜ weitergehenden Sinn verstanden hat; vgl. *Ulmer*, ibid., S. 60.

fungspunkt der des gewöhnlichen Aufenthalts des Urhebers[21], der die im übrigen von der Konvention nicht erfaßten Urheber dem Verbandsschutz unterstellt[22].
Darüber hinaus enthält die Stockholmer-Pariser Fassung zusätzliche Anknüpfungspunkte für Filmwerke, Bauwerke und Werke der graphischen und plastischen Künste.
Der Anwendungsbereich der Konvention in der zuletzt beschlossenen Fassung kann somit in folgender Weise festgelegt werden.
Geschützt sind:

1. die veröffentlichten und unveröffentlichten[23] Werke von Urhebern, die Staatsangehörige eines Verbandslandes sind, sowie derjenigen verbandsfremden Urheber, die ihren gewöhnlichen Aufenthalt in einem solchen haben (Art. 3 Abs. 1 und 2 RBÜ);
2. die in einem Verbandsland erstmals oder in einem verbandsfremden und einem Verbandsland gleichzeitig veröffentlichten Werke verbandsfremder Urheber, die keinen gewöhnlichen Aufenthalt in einem solchen haben (Art. 3 Abs. 1 Ziff. b, Abs. 2 und 4 RBÜ);
3. diejenigen Werke, die nicht unter die genannten Anknüpfungspunkte fallen, sofern es sich um Werke der Filmkunst, deren Hersteller ihren Sitz oder gewöhnlichen Aufenthalt in einem Verbandsland haben (Art. 4 Ziff. b RBÜ)[24], der Baukunst, die in einem Verbandsland errichtet sind (Art. 4 Ziff. b RBÜ), der graphischen und plastischen Künste, die festverbundene Bestandteile eines in einem Verbandsland gelegenen Grundstücks sind (Art. 4 Ziff. b RBÜ)[25], handelt.

---

[21] Der Begriff des gewöhnlichen Aufenthalts ist von dem des ursprünglich vorgesehenen Wohnsitzes zu unterscheiden, dessen Verwendung mit Rücksicht auf die unterschiedlichen Auffassungen der Verbandsländer hierzu (vgl. etwa den anglo-amerikanischen „domicile"-Begriff) nicht ratsam erschien; vgl. *Reimer* in: Stockholmer Konferenz 1967, S. 9.

[22] Für die Frage des Zeitpunkts, in dem der Urheber den gewöhnlichen Aufenthalt in einem Verbandsland haben muß, kommt es bei den veröffentlichten Werken auf den der Veröffentlichung, bei unveröffentlichten auf den der Verletzungshandlung an; vgl. *Reimer*, ibid., S. 9; a. A. *Bergström*, Generalbericht zur Stockholmer Konferenz (zitiert nach *Reimer*, ibid., S. 9).

[23] Der Veröffentlichungsbegriff wurde im Gegensatz zu der in Art. 4 Abs. 4 RBÜ (Brüsseler Fassung) enthaltenen Regelung durch Art. 3 Abs. 3 RBÜ für die Konvention einheitlich festgelegt. Er umfaßt nunmehr ausdrücklich nur noch die erlaubterweise erfolgte Veröffentlichung und beschränkt sich auf die Fälle, in denen Werkexemplare derart zur Verfügung gestellt werden, daß unter Berücksichtigung der Natur des Werkes die angemessenen Bedürfnisse des Publikums befriedigt werden; vgl. dazu *Reimer*, ibid., S. 10 f.

[24] Im Falle der Koproduktion genügt es, wenn einer der Koproduzenten seinen gewöhnlichen Aufenthalt bzw. seinen Sitz in einem Verbandsland hat; vgl. *Reimer*, ibid., S. 10.

[25] Sofern eine dauerhafte, nicht nur vorübergehende Verbindung des Originalwerkes gegeben ist, vgl. *Reimer*, ibid., S. 10.

bb. Das System des Welturheberrechtsabkommens

Das WUA geht ebenso wie die Stockholm-Pariser Fassung der RBÜ bei der Bestimmung seines Anwendungsbereichs von dem allgemeinen Anknüpfungspunkt der Staatsangehörigkeit des Urhebers zu einem Vertragsstaat aus[26].

Das Anknüpfungssystem der Nationalität des Urhebers wird darüber hinaus ergänzt durch das System der Nationalität des Werkes, auf Grund dessen sich der Konventionsschutz auch auf die erstmals in einem Vertragsstaat veröffentlichten Werke nicht vertragsangehöriger Urheber erstreckt.

Im Gegensatz zu der Regelung der RBÜ enthält das WUA zusätzlich die Möglichkeit der Einschränkung ihres Anwendungsbereichs, indem es den Vertragsstaaten in Art. II Ziff. 3 WUA die Möglichkeit gibt, mittels ihrer innerstaatlichen Gesetzgebung diejenigen vertragsgeschützten fremden Urheber, die ihren Wohnsitz in ihrem Staatsgebiet haben, ihren eigenen Staatsangehörigen gleichzustellen. Damit besteht die Möglichkeit, diese Gruppe von Urhebern des fremdenrechtlichen Schutzes des WUA zu entkleiden[27].

Sonderregelungen des Anwendungsbereichs der Konvention sind darüber hinaus in den Zusatzprotokollen Nr. 1 und 2[28] zugunsten der Werke von Staatenlosen und Flüchtlingen fremder Nationalität, die ihren gewöhnlichen Aufenthalt in einem vertragschließenden Staat haben, sowie der Werke der Organisationen der Vereinten Nationen, ihrer angeschlossenen Sondereinrichtungen und der Organisation amerikanischer Staaten enthalten.

Das Zusatzprotokoll Nr. 1 bringt für die Staatenlosen und Flüchtlinge im Vergleich zu der allgemeinen Regelung teils eine Erweiterung, teils eine Einschränkung des konventionellen Anwendungsbereichs mit sich.

Eine Erweiterung insofern, als ihre unveröffentlichten Werke ohne Rücksicht auf ihre Staatsangehörigkeit sowie ihre auch außerhalb eines Vertragsstaates erstmals veröffentlichten Werke unter den Konventionsschutz fallen.

---

[26] Vgl. *Troller*, RabelsZ (1954), 35.

[27] Dementsprechend sind z. B. die USA verfahren. Durch das Gesetz Nr. 743 ist die Bestimmung des § 9 Abs. C des amerikanischen URG so abgeändert worden, daß innerhalb der USA für Werke von Autoren, die in den USA wohnhaft sind, kein Schutz nach dem WUA gewährt werden kann. Der in den USA wohnende Urheber deutscher Staatsangehörigkeit hätte sonst den vollen Schutz des amerikanischen Urheberrechtsgesetzes in Anspruch nehmen können, hätte aber insbesondere nur die nach Art. III WUA erforderlichen vereinfachten Förmlichkeiten erfüllen müssen. Diese Erleichterung ist ihm durch das nach Art. II Ziff. 3 WUA erlassene Gesetz Nr. 743 genommen. Für den Schutz seiner Werke in den USA müssen daher die gleichen Voraussetzungen erfüllt werden, wie sie für jedes Werk eines amerikanischen Urhebers zu beachten sind; vgl. *Bappert/Wagner*, Internationales Urheberrecht, S. 203, 208 f.

[28] Beide Zusatzprotokolle sind zwar Bestandteile des Abkommens, es ist jedoch den Mitgliedsstaaten überlassen, ob sie diese zusätzlichen Vereinbarungen ratifizieren, annehmen oder beitreten wollen. Die Zusatzprotokolle gelten daher nur in und zwischen den vertragschließenden Staaten, von denen diese als bindend anerkannt worden sind. Vgl. *Bappert/Wagner*, ibid., S. 203.

Eine Einschränkung insoweit, als sie in dem Staat, in welchem sie ihren Wohnsitz haben, den Schutz des WUA nicht mehr beanspruchen können, da die Gleichstellung mit den Staatsangehörigen dieses Staates eine Anwendung des Abkommens ausschließt.
Durch das Zusatzprotokoll Nr. 2 erfolgte eine Erweiterung des Kreises der Schutzberechtigten, indem sowohl die erstmals von der Organisation der Vereinten Nationen oder ihrer angeschlossenen Sondereinrichtungen sowie durch die Organisation der amerikanischen Staaten veröffentlichten als auch deren unveröffentlichten Werke, ohne Rücksicht auf die Staatsangehörigkeit des Urhebers oder des Orts der Veröffentlichung, nach den Grundsätzen des WUA geschützt sind.
Der Anwendungsbereich des WUA kann somit in folgender Weise festgelegt werden[29].
Geschützt sind:

1. die veröffentlichten und unveröffentlichten Werke von Urhebern, die Staatsangehörige eines Vertragsstaates sind (Art. II Ziff. 1 und 2);
2. die in dem Gebiet eines Vertragsstaates zuerst veröffentlichten Werke von Urhebern, die keinem Vertragsstaat angehören (Art. II Ziff. 1).

Zusätzlich im Verhältnis der durch die jeweiligen Zusatzprotokolle gebundenen Staaten:

3. die Werke vertragsfremder Staatenloser und Flüchtlinge mit gewöhnlichem Aufenthalt in einem Vertragsstaat (Zusatzprotokoll Nr. 1 Ziff. 1);
4. die Werke der Vereinten Nationen, ihrer angeschlossenen Sondereinrichtungen sowie der Organisation amerikanischer Staaten (Zusatzprotokoll Nr. 2 Ziff 1a und b).

§ 8. Der Anwendungsbereich der Konventionen (Die räumliche Abgrenzung des Schutzes)

a. Die Beschränkung des Konventionsschutzes auf fremde Werke

Die Urheberrechtskonvention als gemeinsame Grundlage des internationalen Urheberrechtsschutzes der durch sie verbundenen Staaten regeln grundsätzlich nur das nationale Fremdenrecht. Ihre Verpflichtungen zur Schutzgewährung erstrecken sich daher für die Verbands- bzw. Vertragsstaaten nur auf die sog. „fremden Werke" d. h. diejenigen Werke, die auf Grund ihrer Verbindung zu einem ausländischen Urheber oder einem ausländischen Veröffent-

---

[29] Sofern nicht eine Ausnahme gemäß Art. II Ziff. 3 WUA mit Rücksicht auf den Wohnsitz des Urhebers im Schutzland gegeben ist; vgl. oben S. 70.

lichungsort regelmäßig nicht in den vollen Genuß des innerstaatlichen Urheberrechtsschutzes kommen[30].
Nicht jedoch werden von den Konventionen die sog. nationalen Werke[31] erfaßt, mag es sich dabei auch um solche eines Verbands- oder Vertragsstaates handeln, da insoweit der inneren Gesetzgebung der Staaten freie Hand gelassen ist[32].
Aufgabe der Konventionen ist es daher, bei der Bestimmung ihres Anwendungsbereiches dieser grundlegenden Beschränkung auf den fremdenrechtlichen Bereich des Urheberrechtsschutzes Rechnung zu tragen und ihren Schutz dementsprechend auf die sog. „fremden Werke" zu konzentrieren.
Sowohl die RBÜ als auch das WUA haben diesem Umstand bei der Festlegung ihres Anwendungsbereiches von Anfang an Rechnung getragen und eine Begrenzung ihres Schutzes, durch die bewußte Ausklammerung der nationalen Werke, auf die fremden Werke vorgenommen[33].
Bei der Frage der Schutzgewährung ist daher, entsprechend den konventionellen Abgrenzungen, zwischen dem Bereich, in dem sich der Schutz nach den Vorschriften der Abkommen richtet, und demjenigen, der den nationalen Rechtsordnungen zugewiesen ist, zu unterscheiden.

b. Die Regelung der Berner Übereinkunft – Der Begriff des „Ursprungslandes" im Rahmen der verschiedenen Konventionsfassungen

Die in der Berner Übereinkunft enthaltenen Regelungen der Begrenzung des Anwendungsbereiches der Konvention auf diejenigen Verbandsländer, in denen das verbandsgeschützte Werk als ein fremdes Werk angesehen wird, haben im Laufe der Konventionsgeschichte vielfache Änderungen erfahren. In der ursprünglichen Fassung erfolgte die Abgrenzung an Hand der Formel, daß die einem der Verbandsländer angehörenden Urheber den durch die Konvention gewährten Schutz „in den übrigen Ländern" genießen[34].
Diese Formulierung gab jedoch Anlaß zu Fehlinterpretationen, indem sie zu der Annahme verleitete, daß sich der Anwendungsbereich der Konvention auf

---

30 Vgl. §§ 121 ff. UG.

31 Diejenigen Werke, bei denen sowohl hinsichtlich der Staatsangehörigkeit des Urhebers als auch des Ortes der ersten Veröffentlichung kein auslandsrechtlicher Bezug gegeben ist.

32 Vgl. *Bappert/Wagner*, Internationales Urheberrecht, S. 80 f., 208; *Ulmer*, Urheber- und Verlagsrecht, S. 79; *Troller* in RabelsZ (1954), 41.

33 Eine Berufung der Urheber nationaler Werke auf den Schutz der Konventionen ist nur dann möglich, wenn diese durch die nationalen Gesetze auf sie als anwendbar erklärt sind; vgl. *Troller*, ibid., S. 41.

34 Vgl. Art. 2 Abs. 1 und 2, Art. 5, Art. 7 BÜ (1886); Art. 2 Abs. 1, Art. 5, Art. 7 BÜ in der Fassung der Pariser Zusatz-Akte von 1896.

alle Verbandsländer, mit der alleinigen Ausnahme des Heimatlandes des Urhebers, erstreckte. Während, wie *Röthlisberger* nachgewiesen hat[35], entsprechend der Regelung der Anknüpfungspunkte[36], es allein auf die Heimat des Werkes ankam, die sich jedoch nur bei den unveröffentlichten nach der Staatsangehörigkeit des Urhebers richtete, während sie bei den veröffentlichten Werken durch das Land der Veröffentlichung bestimmt wurde. Der Anwendungsbereich der Konvention erstreckte sich somit auf diejenigen Verbandsländer, mit Ausnahme des Landes, das entsprechend der in der Konvention enthaltenen Zuordnung des Werkes entweder zum Heimatland des Urhebers oder dem Ort seiner Veröffentlichung als dessen „Ursprungsland" bestimmt war.

Die auf der Berliner Revisionskonferenz (1908) vorgenommene Neuordnung des Anwendungsbereiches trug dieser Erkenntnis in Art. 4 Abs. 1 und 3 RBÜ ausdrücklich Rechnung, indem sie den Begriff des Ursprungslandes, erstmals außerhalb seiner bisherigen Bedeutung für die Bestimmung des vertraglichen Schutzumfangs[37], auch zur Begrenzung des Anwendungsbereiches, im System der Übereinkunft verwendete[38].

Nach der in Art. 4 Abs. 1 RBÜ enthaltenen Regelung konnten die verbandsgeschützten Urheber den Konventionsschutz „in allen Verbandsländern mit Ausnahme des Ursprungslandes des Werkes" in Anspruch nehmen.

---

[35] *Röthlisberger*, Berner Übereinkunft, S. 126 ff.

[36] Vgl. oben S. 63 ff.

[37] Konventionsgeschichtlich läßt sich der Begriff des Ursprungslandes auf den Vorentwurf der Association von 1883 (vgl. oben S. 21), zurückführen, als man ihn im Zusammenhang mit der Frage der Rückwirkung der Konventionen erstmals gebrauchte (Art. 8 des Vorentwurfs). Für den Konventionsschutz selbst erhielt dieser Begriff durch die Aufnahme in das Programm des Schweizerischen Bundesrats zur Konferenz von 1884 erstmals Bedeutung, indem der Verbandsschutz von der Erfüllung der durch die Gesetzgebung des Urpsrungslandes des Werkes vorgesehenen Förmlichkeiten und Bedingungen abhängig gemacht wurde (vgl. Actes de la Conference de Berne 1884, S. 41; *Röthlisberger*, Berner Übereinkunft, S. 118 f.). Die Konferenz von 1884 brachte demgegenüber eine zusätzliche Verknüpfung mit dem Konventionsschutz, indem dieser nur „pendant l'existence de leurs droits dans leurs pays d'origine" gewährt werden sollte (vgl. Actes de la Conference de Berne 1884, S. 20, 21 und 41, 42; *Röthlisberger*, ibid., S. 119). Die in der ursprünglichen Fassung der Berner Übereinkunft in Art. 2 Abs. 2 und 3 festgelegte Bedeutung für die Regeln der Formalitäten und der Schutzdauer erhielt der Begriff des Ursprungslandes auf der Konferenz von 1885. Danach war der Genuß des Verbandsschutzes „von der Erfüllung der Bedingungen der Förmlichkeiten abhängig, welche durch die Gesetzgebung des Ursprungslandes des Werkes vorgeschrieben sind"; wobei derselbe „in den übrigen Ländern die Dauer des in dem Ursprungsland gewährten Schutzes" nicht übersteigen kann. Bei der Definition des Ursprungslandes entschloß man sich, in Anlehnung an die Regelung der Anknüpfungspunkte von der „Nationalität des Werkes" auszugehen und als Ursprungsland das der ersten Veröffentlichung festzulegen, gleichzeitig dieses System jedoch durch das „der Nationalität des Urhebers" bei den unveröffentlichten Werken zu ergänzen.

[38] Art. 4 Abs. 2 RBÜ (Grundsatz der Unabhängigkeit des Konventionsschutzes vom Schutz im Ursprungsland, Art. 7 RBÜ (Vergleich der Schutzfrist).

Im Ursprungsland dagegen blieben die Urheber, soweit es sich um rein nationale Werke handelte, auf Grund des Geltungsanspruchs der nationalen Rechtsordnung, dem innerstaatlichen Urheberrechtsschutz des jeweiligen Verbandslandes unterworfen, während bei den nationalen Werken fremder Urheber[39] die Unterwerfung unter den nationalen Urheberrechtsschutz des Verbandslandes auf Grund der besonderen Verpflichtung zur Inländerbehandlung (Art. 5 und 6 RBÜ) erfolgte.

Damit war erstmals das bis in die jüngsten Fassungen der Berner Übereinkunft beibehaltene System des Anwendungsbereichs der Konvention verwirklicht, nachdem der Konventionsschutz im Ursprungsland des Werkes sich ausnahmsweise auf die Verpflichtung zur Gewährung der Inländerbehandlung beschränkte, im übrigen seinen vollen Umfang[40] jedoch nur in den anderen Verbandsländern vorsieht[41].

Die Festlegung des Begriffs des Ursprungslandes erfolgte in Art. 4 Abs. 3 RBÜ entsprechend der Regelung der konventionellen Anknüpfungspunkte, wonach bei den veröffentlichten Werken der Grundsatz der „Nationalität des Werkes" das Land der ersten Veröffentlichung als Ursprungsland bestimmte, während bei den unveröffentlichten Werken der Grundsatz der „Nationalität des Urhebers" das Land der Staatsangehörigkeit des Urhebers als Ursprungsland festlegte.

Art. 4 Abs. 3 RBÜ traf darüber hinaus detaillierte Sonderregelungen für den Fall der gleichzeitigen Veröffentlichung in mehreren Verbandsländern, indem als Ursprungsland das Verbandsland mit der kürzesten Schutzfrist bestimmt wurde, während im Falle der gleichzeitigen Veröffentlichung in einem Nichtverbandsland und in einem Verbandsland das letztere als Ursprungsland angesehen wurde[42].

Während auf der Rom-Konferenz (1928) eine Änderung der für die Begrenzung des konventionellen Anwendungsbereiches maßgebenden Bestimmungen des Ursprungslandes unterblieb, erfolgte auf der Brüsseler Konferenz (1948) ein weiterer Ausbau des Art. 4 RBÜ, der sich jedoch, unter Belassung des bestehenden Anwendungsbereiches, auf eine inhaltliche Präzisierung sowie redaktionelle Neugestaltung der für die Bestimmung des Ursprungslandes maßgebenden Vorschriften beschränkte.

Im Bereich des Ursprungslandes der veröffentlichten Werke (Art. 4 Abs. 3 RBÜ) erfolgte dies durch die Klarstellung hinsichtlich der in Verbandsländern mit gleicher Schutzdauer gleichzeitig veröffentlichten Werke, bei denen

---

[39] In dem Verbandsland erstmals veröffentlichte Werke fremder verbandsangehöriger Urheber (Art. 5 RBÜ) sowie in dem Verbandsland veröffentlichte Werke verbandsfremder Urheber (Art. 6 RBÜ).

[40] Unter Einschluß der konventionellen Mindestrechte vgl. unten S. 118 ff.

[41] Vgl. *Dungs*, S. 37; *Hoffmann*, Berner Übereinkunft, S. 75 f., 96; *Ulmer*, Anknüpfungspunkte, S. 62, 64 f.

[42] Vgl. *Dungs*, ibid., S. 35.

im Hinblick auf die konventionseigene Festlegung des Begriffs der gleichzeitigen Veröffentlichung in Art. 4 Abs. 3 Satz 2 RBÜ der Grundsatz der Priorität der Veröffentlichung ausdrückliche Anerkennung fand.
Bei der Festlegung des Ursprungslandes der nicht veröffentlichten Werke bestimmte Art. 4 Abs. 5 Satz 2 in Ergänzung der allgemeinen Bestimmung der Abhängigkeit von der Nationalität des Urhebers, daß für die Werke der Baukunst sowie der graphischen und plastischen Künste, welche Bestandteil eines Grundstücks sind, das Verbandsland als Ursprungsland gilt, in dem diese Werke errichtet oder einem Bauwerk eingefügt sind[43].
Demgegenüber brachte die Stockholmer Revision unter dem maßgeblichen Einfluß *Ulmers*, im Rahmen der Neugestaltung der Systematik des Anwendungsbereiches der Konvention, eine Neuregelung der Bestimmungen des Ursprungslandes.
Entsprechend der neuen Erkenntnis von dem systematischen Zusammenhang der Regelung der Anknüpfungspunkte und der des Ursprungslandes[44] erfolgte eine redaktionelle Trennung dieser seit der Berliner Fassung in den Art. 4 bis 6 RBÜ verbundenen Bestimmungen, wobei unter Berücksichtigung ihres logischen Verhältnisses[45] die den Anwendungsbereich festlegenden Regeln der Anknüpfungspunkte in Art. 3 und 4 RBÜ Aufnahme fanden, während die diesen Anwendungsbereich begrenzende und darüber hinaus den Inhalt des Schutzes bestimmenden Regelung des Ursprungslandes in Art. 5 Abs. 1 und 3 RBÜ nachgeordnet wurden.
Diese Neuregelung hatte jedoch nicht eine inhaltliche Abkehr von den bislang geltenden Grundsätzen der Regeln des Ursprungslandes zur Folge.
Die Revision beschränkte sich vielmehr auf eine systematische Neuordnung der bisher bestehenden Regeln, ohne daß hierzu größere sachliche Änderungen erforderlich waren. Insbesondere ergab sich keine Änderung des Anwendungsbereichs der Konvention, da die hierfür maßgebenden Regeln des Art. 5 Abs. 1 und 3 RBÜ trotz redaktioneller Neufassung die in der Übereinkunft bis dahin in Art. 4 Abs. 1, Art. 5 und 6 RBÜ (Brüssel) getroffene Regelung inhaltlich übernahmen.
Sachliche Änderungen ergaben sich insofern, als nach der Neuregelung bei der Bestimmung des Ursprungslandes auch bei den Werken, die erstmalig in einem verbandsfremden Land veröffentlicht werden, ohne daß eine gleichzeitige Veröffentlichung in einem Verbandsland erfolgte, als Ursprungsland das Verbandsland bestimmt wurde, dem der Urheber angehört (Art. 5 Abs. 4c RBÜ). Die Regelung ist jedoch nur die logische Folge der Erweiterung des Anwendungsbereiches der Konvention auf Werke, die erstmalig in einem

---

[43] Vgl. dazu *Ulmer*, Anknüpfungspunkte, S. 62.
[44] Vgl. *Reimer* in: Stockholmer Konferenz 1967, S. 8 ff.; vgl. auch oben S. 67.
[45] Nachdem die Frage der Anknüpfung vorrangig und diejenige nach dem Ursprungsland nur von sekundärer Bedeutung ist, vgl. *Reimer*, ibid., S. 9.

verbandsfremden Land veröffentlicht, aber von einem Urheber geschaffen wurden, der einem Verbandsland angehört[46].
Darüber hinaus führte die Revision zu einem Ausbau der Sonderregelung für das Ursprungsland in den Fällen unveröffentlichter Werke sowie der Werke, die erstmalig in einem verbandsfremden Land ohne gleichzeitige Veröffentlichung in einem Verbandsland veröffentlicht wurden.
Bei Filmwerken bestimmt sich in diesen Fällen das Ursprungsland nach dem Verbandsland, in dem der Produzent seine Niederlassung oder seinen gewöhnlichen Aufenthalt hat (Art. 5 Abs. 4 c i RBÜ). Trifft diese Voraussetzung nicht zu, so ist Ursprungsland das Land, dem der Urheber des Filmwerks angehört[47].
Bei Werken der Baukunst, die in einem Verbandsland errichtet wurden, oder bei Werken der graphischen oder plastischen Künste, welche Bestandteile eines in einem Verbandsland gelegenen Grundstücks sind, bestimmt die Konvention dieses als Ursprungsland (Art. 5 Abs. 4 ii). Sofern diese Voraussetzungen nicht zutreffen, bestimmt sich das Ursprungsland, wie bei den Filmwerken, nach den allgemeinen Vorschriften und damit nach der Staatsangehörigkeit des Urhebers[48].
Zusammenfassend läßt sich der durch die Regeln des Ursprungslandes beschränkte Anwendungsbereich der Berner Konvention in der Stockholmer Fassung nach folgenden Grundsätzen festlegen:

> Der volle Schutz der Konvention, der sich aus der Verpflichtung zur Inländerbehandlung sowie den besonders gewährten Rechten zusammensetzt, kommt den verbandsgeschützten Werken in allen Verbandsländern, mit Ausnahme des Ursprungslandes des Werkes, zugute (Art. 5 Abs. 1 RBÜ);
> im Ursprungsland eines verbandsgeschützten Werkes, dessen Staatsangehörigkeit der Urheber nicht besitzt, beschränkt sich der Konventionsschutz jedoch auf die Gewährung der Inländerbehandlung (Art. 5 Abs. 3 Satz 2 RBÜ);
> in jedem anderen Ursprungsland untersteht das Verbandswerk nicht dem Konventionsschutz. Der Rechtsschutz richtet sich dort ausschließlich nach dem innerstaatlichen Urheberrecht (vgl. Art. 5 Abs. 3 Satz 1 RBÜ).

c. Die Regelung des Welturheberrechtsabkommens

Die in dem WUA enthaltene Regelung der Begrenzung des konventionellen Anwendungsbereiches auf diejenigen Vertragsländer, in denen das vertrags-

---

[46] Vgl. *Reimer*, ibid., S. 11.
[47] Probleme ergeben sich jedoch insofern, als in der Regel mehrere Personen als Urheber eines Filmwerkes anzusehen sind. Mit *Reimer* (ibid., S. 12) wird in einem solchen Fall die Lösung naheliegen, auf die Staatsangehörigkeit des Haupturhebers, somit in der Regel auf die des Drehbuchautors oder Regisseurs, abzustellen.
[48] Vgl. *Reimer*, ibid., S. 12.

geschützte Werk als fremdes Werk anzusehen ist, ergibt sich aus Art. 2 WUA. Danach erstreckt sich der den vertragsgeschützten Werken zustehende Konventionsschutz sowohl hinsichtlich der veröffentlichten als auch der unveröffentlichten Werke „auf jeden anderen vertragschließenden Staat".

Da das WUA im Gegensatz zur Berner Übereinkunft bei der Festlegung des Anwendungsbereiches auf eine den Bestimmungen über das „Ursprungsland" vergleichbare Regelung verzichtet hat, ist insoweit allein von den Regeln der Anknüpfungspunkte auszugehen[49].

Danach umfaßt der Anwendungsbereich des WUA alle Vertragsstaaten mit Ausnahme des jeweiligen Vertragsstaates, in dem das vertragsgeschützte Werk, entsprechend der Regelung der Anknüpfungspunkte, nach der Konventionssystematik als heimatberechtigt anzusehen ist[50].

Der Konventionsschutz ist danach in dem Vertragsstaat ausgeschlossen:

dessen Staatsangehörigkeit der Urheber besitzt, ohne Rücksicht, ob es sich um veröffentlichte oder unveröffentlichte Werke handelt (Art. II Ziff. 1 und 2 WUA);
in dem das Werk erstmals veröffentlicht ist, sofern der Urheber nicht die Staatsangehörigkeit eines Vertragsstaates besitzt (Art. II Ziff. 1 WUA)[51];
in dem der fremde Urheber mit Rücksicht auf seinen Wohnsitz für die Anwendung des Abkommens durch die innerstaatliche Gesetzgebung den eigenen Staatsangehörigen gleichgestellt ist (Art. II Ziff. 3 WUA)[52];
in dem der Urheber als Flüchtling oder Staatenloser mit inländischem gewöhnlichem Aufenthalt für den Anwendungsbereich des Abkommens den eigenen Staatsangehörigen gleichgestellt ist (Ziff. 1 des Zusatzprotokolls Nr. 1 zum WUA).

---

[49] Vgl. oben S. 70 ff.

[50] Vgl. *Bappert/Wagner*, Internationales Urheberrecht, S. 208; *Troller* in RabelsZ (1954), 41 f.

[51] Im Gegensatz zur RBÜ (Art. 6 Brüsseler Fassung, Art. 5 Abs. 3 Satz 2 Stockholmer Fassung) erstreckt das WUA den Konventionsschutz nicht auf das Erstveröffentlichungsland, so daß der konventionsgeschützte Urheber insoweit völlig der nationalen Rechtsordnung unterworfen ist, was, wie *Troller* richtig anführt, zur Folge haben kann, daß ihm dort der Schutz verweigert wird (vgl. *Troller*, ibid., 41 f.). Hierin jedoch ein Redaktionsversehen anzunehmen und gleich der Regelung der RBÜ dem vertragsgeschützten Urheber eine Berufung auf die Inländerbehandlung zu gewähren (*Troller*, ibid., 42), findet weder in der Systematik noch in dem Sinn der Konvention als ausschließlich fremdenrechtliche Regelung, ihre Stütze.

[52] Vgl. § 9 Abs. c des amerikanischen Copyright-Gardie; vgl. oben S. 71.

§ 9. Der Anwendungsbereich der Konventionen (Die zeitliche Abgrenzung des Schutzes)

a. Die Frage des zeitlichen Geltungsbereiches

Bei der Festlegung der durch die Konventionen geschützten Werke ergab sich im Hinblick auf die Frage, ob sich ihr Schutz auch auf die vor ihrem Inkrafttreten geschaffenen Werke erstrecken sollte, die Notwendigkeit der Bestimmung ihres zeitlichen Anwendungsbereiches.
Sowohl die Berner Übereinkunft als auch das Welturheberrechtsabkommen enthalten daher Vorschriften, die über die Regelung ihres sachlichen und örtlichen Anwendungsbereiches hinaus ihren zeitlichen Geltungsbereich bestimmen.
Ausgangspunkt dieser Regelung ist für beide Urheberrechtskonventionen der Grundsatz, daß sich der von ihnen vorgesehene Konventionsschutz unabhängig von dem jeweiligen Entstehungszeitpunkt auf alle von den Abkommen erfaßten Werke erstrecken soll, ohne mittels des Inkrafttretens der Konventionen eine Zäsur des zeitlichen Anwendungsbereiches vorzunehmen, auf Grund derer die früher geschaffenen Werke vom Schutz ausgeschlossen gewesen wären[53]. Die Begrenzung dieses Grundsatzes, die sich aus dem Postulat, nur geschützte Werke in den Konventionsschutz miteinzubeziehen, ergab, erfolgte entsprechend den für das Entstehen und Erlöschen des Urheberschutzes maßgebenden Grundsätzen.

b. Das Konzept der Konventionen

aa. Die Berner Übereinkunft

Die erste Regelung des zeitlichen Anwendungsbereiches der Berner Übereinkunft war in Art. 14 der ursprünglichen Konventionsfassung enthalten, wonach die Konvention auf alle Werke Anwendung finden sollte, „welche in ihrem Ursprungsland zur Zeit des Inkrafttretens der Übereinkunft noch nicht Gemeingut geworden waren[54] [55]".

---

[53] Vgl. *Röthlisberger*, Berner Übereinkunft, S. 269 ff.; *Hoffmann*, Berner Übereinkunft, S. 235 ff., 237; *Bappert/Wagner*, Internationales Urheberrecht, S. 157 ff., 255 ff.

[54] Vgl. zur Entstehungsgeschichte *Röthlisberger*, ibid., S. 269 ff.

[55] Diese Regelung konnte sich jedoch für den Konventionsbereich nicht durchsetzen, da der in ihr enthaltene Rechtsgedanke im Widerspruch zu dem allgemein anerkannten Grundsatz vom Schutz der wohlerworbenen Rechte stand, so daß es nur zu einer als dispositive Norm ausgestaltenden Regelung kam, wobei gemäß Ziff. 4 des Schlußprotokolls die endgültige Ausgestaltung zwischenstaatlichen Abkommen bzw. der innerstaatlichen Gesetzgebung der Verbandsländer überlassen blieb. Vgl. *Röthlisberger*, ibid., S. 276 ff.; *Hoffmann*, Berner Übereinkunft, S. 236.

Auf der Berliner Konferenz erfolgte die Umwandlung des Art. 14 Berner Übereinkunft, zu der bis heute im wesentlichen unverändert geltenden Bestimmung des Art. 18 RBÜ[56] [57]. Danach sind von dem Schutz der Konventionen alle die Werke ausgenommen, die in ihrem Ursprungsland infolge Ablaufs der Schutzfrist gemeinfrei geworden sind (Art. 18 Abs. 1 RBÜ)[58].
Dieser Grundsatz wird ergänzt durch die Bestimmung, daß die Werke, die in dem Verbandsland, dessen Schutz beansprucht wird, infolge Ablaufs der Schutzfrist bereits gemeinfrei geworden sind, dort auch dann nicht von neuem Schutz erlangen, wenn der Schutz im Ursprungsland infolge Verlängerung der Schutzfrist wiederauflebt (Art. 18 Abs. 2 RBÜ).
Nachdem seit der Schaffung der Berner Übereinkunft ein die Anwendung des Art. 18 RBÜ in bezug auf das erste Inkrafttreten der Konvention[59] ausschließender Zeitraum vergangen ist, beschränkt sich die Regelung des zeitlichen Anwendungsbereiches gemäß Art. 18 RBÜ auf folgende Fallkonstellationen[60]:

für das Inkrafttreten neuer Fassungen der RBÜ, somit jedesmal, falls durch Abänderung des bisher geltenden Textes eine neue Fassung Geltung erlangt;
für den Beitritt eines neuen Verbandslandes hinsichtlich derjenigen Verbandsländer, die mit ihm durch die gleiche Übereinkunft gebunden sind;
für den Fall der Verlängerung der Schutzfrist durch eines der Verbandsländer;
für den Fall des Verzichts auf einen Vorbehalt.

bb. Das Welturheberrechtsabkommen

Nach der in Art. VII WUA enthaltenen Bestimmung des zeitlichen Anwendungsbereiches des Abkommens stehen diejenigen Werke oder Rechte an

---

[56] Vgl. zu den bereits auf der Pariser Konferenz erfolgten Bemühungen um eine Verbesserung der in Art. 14 enthaltenen Regelung *Röthlisberger*, ibid., S. 270.
[57] Ohne daß es jedoch gelang, die dispositive Natur der Regelung zu beseitigen. Die in Art. 18 RBÜ enthaltenen Grundsätze kamen daher auch nach der Berliner Revision nur dann zur Anwendung, wenn eine nach Art. 18 Abs. 3 RBÜ vorgesehene Regelung durch das Landesgesetz oder zwischenstaatliche Abkommen nicht erfolgt war und ein den Art. 18 RBÜ ausschließender Vorbehalt des Schutzlandes fehlte. Vgl. dazu ausführlich *Hoffmann*, Berner Übereinkunft, S. 240 ff.
[58] Art. 18 Abs. 1 RBÜ beschränkte den Schutzbereich der Konvention nur im Hinblick auf die Gemeinfreiheit wegen Schutzfristablaufs, nicht jedoch wegen anderer Gründe. Darüber hinaus mußte das Werk als solches schutzlos geworden sein. Hierfür genügte nicht der bloße Ablauf einer von der allgemeinen Schutzfrist unterschiedlichen Frist für bestimmte urheberrechtliche Befugnisse (z. B. Übersetzungsrecht); vgl. *Hoffmann*, ibid., S. 237 f.; *Bappert/Wagner*, Internationales Urheberrecht, S. 157.
[59] Am 5. Dez. 1887.
[60] Vgl. *Hoffmann*, ibid., S. 239 f.; ähnlich *Bappert/Wagner*, ibid., S. 158.

Werken[61], die beim Inkrafttreten des Abkommens in dem vertragschließenden Staat, in dem der Schutz beansprucht wird, endgültig den Schutz verloren haben oder niemals geschützt waren, außerhalb des konventionellen Schutzbereiches.

Im Unterschied zu der Regelung der RBÜ ist die Einschränkung des Anwendungsbereiches bei Fehlen des Schutzes im Zeitpunkt des Inkrafttretens des Abkommens im Schutzland nicht auf den Grund des Ablaufs der Schutzfrist beschränkt, sondern umfaßt alle die Entstehung des Schutzes hindernden bzw. den bestehenden Schutz beendenden Ursachen[62].

Die Festlegung des zeitlichen Schutzbereiches des WUA erfordert somit die Feststellung des Zeitpunktes, an welchem das Abkommen im Schutzland in Kraft getreten ist, sowie die Klärung der Frage, ob das betreffende Werk bzw. das Recht an dem Werk zu diesem Zeitpunkt in diesem Vertragsstaat urheberrechtlich geschützt war.

§ 10. Das Verhältnis der verschiedenen Konventionsfassungen

a. Die Problemstellung

Die Urheberrechtskonventionen als Grundlage der internationalen Urheberrechtsordnung beschränken sich ebensowenig wie die nationalen Rechtsordnungen auf die Festschreibung eines bestimmten Schutzes, sondern sind wie diese auf Ausbau und Fortentwicklung von Art und Umfang der von ihnen gewährten Rechte angelegt.

Im Gegensatz zu der Fortbildung der innerstaatlichen Rechtsordnungen im Wege der Gesetzesnovellierung bzw. durch die Auslegung der Gerichte erfolgt der Ausbau der Urheberrechtskonventionen entsprechend ihrer Rechtsnatur als völkervertragliche Vereinbarung im Wege der Vertragsrevisionen d. h. durch Abschluß jeweils neuer Abkommen, die für die durch sie gebundenen Staaten an die Stelle der bisher geltenden treten[63].

Sowohl die Berner Übereinkunft als auch das Welturheberrechtsabkommen sind, wie bereits dargelegt[64], auf diese Weise revidiert worden, so daß sich bei beiden Abkommen verschiedene Fassungen feststellen lassen, die sich hin-

---

[61] Im Gegensatz zur RBÜ ist für das WUA somit nicht erforderlich, daß der Schutz des Werkes als solches abgelaufen ist, so daß die besonderen Schutzfristen einzelner urheberrechtlicher Befugnisse zu berücksichtigen sind. Vgl. *Bappert/Wagner*, ibid., S. 256.

[62] Hierzu gehören insbesondere auch die Fälle der Schutzversagung wegen Fehlens eines innerstaatlichen oder internationalen Urheberrechtsschutzes sowie der endgültige Schutzverlust bei Nichterfüllung von Förmlichkeiten; vgl. *Bappert/Wagner*, ibid., S. 257.

[63] Vgl. *Ulmer*, Urheber- und Verlagsrecht, S. 75.

[64] Vgl. oben S. 31 ff. bzw. 54 ff.

sichtlich Art und Umfang des gewährten Schutzes unterscheiden. Für die Frage des auf Grund der Konventionen zu gewährenden Urheberrechtsschutzes ergibt sich aus der Verschiedenheit der einzelnen Fassungen der Abkommen sowie der durch sie verbundenen Staaten die Notwendigkeit der Feststellung, welche der Fassungen im Einzelfall zur Anwendung berufen ist.
Die Regeln, nach denen diese Feststellung erfolgt, ergeben sich einerseits aus den völkervertraglichen Grundsätzen, andererseits aus den besonderen Auslegungsgrundsätzen der betreffenden Konvention.
Die Anwendbarkeit einer jeden Konventionsfassung setzt dabei voraus, daß eine völkerrechtliche Bindung des Schutzlandes an diese besteht. Die Bindung kann sich dabei für ein Land entweder durch Ratifizierung nach Unterzeichnung oder durch Beitritt nach Ablauf der Unterzeichnungsfrist ergeben[65]. Beide Formen des Beitritts verpflichten, die Konvention in der angenommenen Form gegenüber den Ländern anzuwenden, die ihrerseits durch denselben Konventionstext gebunden sind[66].
Während die Frage nach der maßgeblichen Fassung einer Konvention in den Fällen, in denen die Länder, in deren Verhältnis die Bestimmung des Schutzes zu erfolgen hat, durch die gleiche der zuletzt angenommenen Fassungen eines Abkommens verbunden sind, ohne Schwierigkeiten zu beantworten ist, ergeben sich die Probleme in den Fällen, in denen sich die jeweils für die beiden Länder als letzte bzw. einziger Text verbindlichen Fassungen voneinander unterscheiden.
Die Feststellung, welchen der Konventionstexte, sofern überhaupt einen, ein Verbands- oder Vertragsland gegenüber einem anderen hier anzuwenden hat, erfolgt für die beiden Konventionen, entsprechend der durch sie bewirkten unterschiedlichen Bindung der Vertragsstaaten, in unterschiedlicher Weise.

b. Die Geltung der verschiedenen Fassungen der Berner Übereinkunft im Verhältnis der Verbandsländer zueinander

Von den verschiedenen Fassungen der Berner Übereinkunft sind heute noch diejenigen von Bedeutung, durch die einzelne Verbandsländer untereinander noch gebunden sind. Hierzu gehören, nachdem es heute im Verbandsgebiet kein Land mehr gibt, für das eine noch frühere Fassung als die folgenden maßgeblich ist, der Rom-Text von 1928, der Brüsseler-Text von 1948 und Pariser-Text von 1971. Die Fassung von Stockholm von 1967 hat dagegen neben der Pariser Fassung keine eigene Bedeutung erlangt.

---

[65] Vgl. *Karnell* in GRUR Int. 1968, 25 ff.

[66] Ebenso selbstverständlich ist, daß diese Länder sich durch die Annahme des Textes auch verpflichten, ihn Ländern gegenüber anzuwenden, die ihn später als ihren letzten Text annehmen werden.

Regelungen des Verhältnisses der unterschiedlichen Fassung zueinander lassen sich im Konventionsbereich seit der Berliner Fassung in Art. 27 feststellen[67].

Nach dieser Bestimmung hatte der Abschluß der neueren Fassung nicht die Aufhebung der alten Übereinkunft zur Folge, sondern führte nur dazu, daß im Verhältnis der durch die Neufassung der Konvention gebundenen Staaten diese an die Stelle der bisherigen Übereinkunft trat, während im Verhältnis zu den anderen Staaten die alte Übereinkunft ihre Bedeutung beibehielt[68].

Der Grundgedanke dieser Regelung ist auch in den hierfür maßgebenden Bestimmungen aller späteren Fassungen (Art. 27 RBÜ Rom- und Brüsseler Fassung, Art. 32 Abs. 1 RBÜ Stockholm-Pariser Fassung) beibehalten worden[69] [70].

Inhaltlich bestimmt er, daß „gegenüber den Ländern, welche die vorliegende Übereinkunft nicht ratifizieren . . . die früheren Vereinbarungen ihre Gültigkeit (behalten)“[71]. Damit war festgelegt, daß die Konvention zwischen den einzelnen Verbandsländern in verschiedenen Fassungen Geltung haben konnte.

Mit *Bappert-Wagner* kann man daher sagen, daß unter der einheitlichen Bezeichnung „Berner Übereinkunft“ verschiedene Abkommen mit jeweils unterschiedlichem Schutzniveau in Kraft sind[72].

Für die Beantwortung der eingangs gestellten Frage nach der anwendbaren Konventionsfassung in Fällen, in denen sich die jeweils für die betroffenen Verbandsländer verbindlichen Konventionstexte voneinander unterschieden, müssen folgende Fälle in Betracht gezogen werden:

Die unterschiedliche Bindung ergibt sich daraus, daß die beiden Länder zunächst an dieselbe Fassung der Konvention gebunden waren, später eine Annahme einer neuen Fassung nur durch eines der Verbandsländer erfolgte;

eine gemeinsame Gebundenheit durch einen Konventionstext nie bestanden hat, da die Verbandsländer nur durch jeweils verschiedene Fassungen der Konvention gebunden sind,

wobei sich hinsichtlich dieser zweiten Gruppe darüber hinaus zwei Untergruppen bilden lassen, bei deren erste ein Land, das schon früher dem

---

[67] Für die auf der Pariser Konferenz von 1896 beschlossenen Änderungen bedurfte es einer solchen Regelung nicht, da diese nicht Eingang in den Konventionstext selbst fanden, sondern in die Zusatzakte von 1896 sowie in die Deklaration von 1896, die als selbständige Vertragswerke neben der Konvention standen, verwiesen wurden; vgl. *Röthlisberger*, Berner Übereinkunft, S. 19 f.

[68] Vgl. *Dungs*, S. 68 f.

[69] Vgl. *Rogge* in: Stockholmer Konferenz 1967, S. 95 f.

[70] Vgl. *Bappert/Wagner*, Internationales Urheberrecht, S. 168 f.

[71] Vgl. Art. 27 Abs. 1 Satz 2 RBÜ (Rom-Brüsseler Fassung).

[72] Vgl. *Bappert/Wagner*, ibid., S. 168.

Verband angehörte, einen späteren Text annimmt, während bei der zweiten ein Land erstmalig durch einen späteren Text gebunden ist[73].

Bei der ersten Fallkonstellation ergibt sich der Schlüssel zur Lösung in erster Linie aus der allgemeinen völkerrechtlichen Regel, wonach sich ein Land durch Annahme einer neuen Vertragsfassung nicht einseitig gegenüber einem anderen Land der Verpflichtungen entledigen kann, die ihnen beiden durch ihren früheren gemeinsamen Text auferlegt wurden[74] [75].
Keine Antwort ergibt sich aus der Anwendung dieser völkerrechtlichen Regeln auf die sich aus der zweiten Fallkonstellation ergebenden Fragen nach der anwendbaren Konventionsfassung, da zwischen den Verbandsländern eine formal bindende gegenseitige Beziehung mit Rücksicht darauf, daß die Länder nicht durch einen gemeinsamen Text gebunden sind, nicht besteht[76].
Für den Konventionsbereich stellt sich damit das Problem, ob sich aus der auch in diesen Fällen bestehenden gemeinsamen Verbandsangehörigkeit der durch unterschiedliche Fassungen der Berner Übereinkunft angehörenden Staaten ein rechtliches Band zumindest von der Art ergibt, daß zwischen diesen Ländern irgendein Schutz gewährt werden muß[77].
Wie *Karnell* in diesem Zusammenhang dargelegt hat, stellen sich insbesondere drei Fragen:

ob die Verbandsangehörigkeit für die Länder eine gegenseitige rechtliche Gebundenheit schafft, so daß sie trotz verschiedener Texte einander Schutz zu gewähren haben;
ob neu beitretende Länder dabei mit früheren Verbandsländern gleichzustellen sind;
welcher von mehreren Texten für das eine oder andere Land gelten soll[78].

---

[73] Vgl. zu der Unterscheidung mit ausführlichen Beispielen *Karnell* in GRUR Int. 1968, 26.
[74] Ebensowenig kann sich das Land, das sich für die Beibehaltung der Bindung an den früheren Text entscheidet, nur aus dem Grunde, weil das andere Land einen späteren Text annimmt, gegenüber letzteren als ungebunden betrachten; vgl. *Karnell*, ibid., 26.
[75] Damit ist jedoch noch nicht die weitere Frage beantwortet, ob das Land, das den neueren Text angenommen hat, berechtigt ist, diesen Text gegenüber einem Verbandsland anzuwenden, das diesen Text nicht angenommen hat, und ob das bei dem älteren Text verbleibende Land berechtigt ist, davon auf Grund der Annahme eines anderen, nicht gemeinsamen Textes durch das andere Land abzuweichen; vgl. *Karnell*, ibid., 30 f.
[76] Vgl. *Karnell*, ibid., 27 mit Hinweis auf die Möglichkeit der einseitigen Gebundenheit.
[77] Vgl. zu der abweichenden Praxis der BIRPI, Hinweis bei *Karnell*, ibid., 27; *Ulmer* in GRUR Int. 1971, 426.
[78] Vgl. *Karnell*, ibid., 27.

Im Anschluß an die von *Karnell* vertretene Auffassung erscheint die Bejahung der beiden ersten Fragen trotz des Mangels ausdrücklicher, sich direkt darauf beziehender Konventionsregeln angebracht.
Wie von *Karnell* richtig erkannt, basiert das Schutzsystem der Berner Übereinkunft auf dem Gedanken, daß ein Werk, dessen Ursprungsland ein Verbandsland ist, im ganzen Verband geschützt sein soll.
Dementsprechend bestimmen sowohl Art. 28 Abs. 3 RBÜ (Rom- und Brüsseler Fassung) als auch Art. 29 Abs. 1 (Stockholm-Pariser Fassung), daß der Beitritt zu den jeweiligen Fassungen gleichzeitig den Beitritt zum Verband zur Folge hat. Diese Verbandseinheit beschränkt sich jedoch für die beigetretenen Länder nicht auf eine gemeinsame Verwaltung seitens der Konventionsorgane, sondern erstreckt sich auch auf den zu gewährenden Schutz im Verbandsgebiet, da andernfalls auf Grund der Sperrung der früheren Texte (Art. 27 Abs. 1 RBÜ) neu beitretende Verbandsländer formal daran gehindert wären, mit Ländern, die an frühere, gesperrte Texte gebunden sind, eine urheberrechtliche Beziehung zu begründen[79].
Hinsichtlich der dritten Frage nach dem anzuwendenden Text kommt es dagegen auf die Auslegung der hierfür maßgebenden Konventionsbestimmungen an.
Ohne daß hier eine detaillierte Untersuchung der Auslegung der verschiedenen Fassungen in jedem denkbaren Einzelfall versucht werden soll – diese würde den Rahmen der vorliegenden Arbeit bei weitem sprengen – können folgende Auslegungsmöglichkeiten festgestellt werden[80].
Für die Untergruppe, in der die Verbandsstaaten vor dem Inkrafttreten der jeweils neuen unterschiedlichen Texte früher einmal durch einen gemeinsamen Text gebunden waren, bietet sich die Möglichkeit an, den früher gemeinsamen Text, von welchem beide zwischenzeitlich abgegangen sind, als Schutzgrundlage heranzuziehen[81].
In den Fällen des Neubeitritts ist dagegen das beitretende Land zur Anwendung des in dem zuletzt angenommenen Text bestimmten Textes verpflichtet, während die früher beigetretenen Verbandsländer in gleicher Weise ihren eigenen letzten Text anzuwenden haben[82].
Der Stockholm-Pariser Text der Berner Übereinkunft versucht dieser Problematik, nachdem die Fragen der Anwendbarkeit der verschiedenen Fassungen auf der Revisionskonferenz breiten Raum eingenommen hatten, ihre Schärfe zu nehmen, indem er einerseits den Grundsatz des Art. 27 Abs. 1 RBÜ (Brüsseler Fassung) in Art. 32 Abs. 1 RBÜ (Stockholm-Pariser Fassung)

---

[79] Vgl. Actes de la Conference de Berlin 1908, S. 273; *Karnell*, ibid., 27.
[80] Vgl. *Karnell*, ibid., 29 mit darüber hinausgehenden Vorschlägen.
[81] Die von der BIRPI verfolgte Praxis, einen späteren Text zum gemeinsamen zu machen, schließt diese Möglichkeit aus. Vgl. *Karnell*, ibid., 27 und 29.
[82] Vgl. Actes de la Conference de Berlin 1908, S. 274.

mutatis mutandis übernimmt[83], andererseits in Art. 32 Abs. 2 RBÜ (Stockholm-Pariser Fassung) eine ausdrückliche Regelung hinsichtlich des Verhältnisses der Stockholm-Pariser Fassung zu Verbandsländern, die nicht oder nur in der in Art. 28 RBÜ vorgesehenen beschränkten Weise diesen Text angenommen haben, trifft.
Nach Art. 32 Abs. 2 RBÜ (Stockholm-Pariser Fassung) haben verbandsfremde Länder, die durch die Annahme des Stockholm-Pariser Textes dem Verband beigetreten sind, diese Fassung gegenüber Verbandsländern anzuwenden, die entweder nicht durch diese Fassung gebunden sind oder zwar durch diese Fassung gebunden sind, aber durch die in Art. 28 Abs. 1b vorgesehene Erklärung nicht die materiellen Vorschriften der Art. 1 bis 20 des Stockholm-Pariser Textes angenommen haben.

c. Das Verhältnis der beiden Welturheberrechtsabkommen von 1952 und 1971

Das Welturheberrechtsabkommen wurde auf der Pariser Konferenz von 1971 erstmals revidiert. Damit ergab sich auch für dieses Abkommen die Notwendigkeit, das Verhältnis beider Fassungen zueinander zu klären.
Im Unterschied zur Berner Übereinkunft handelt es sich beim Welturheberrechtsabkommen jedoch nicht um einen Staatenverband, so daß die sich aus dieser besonderen vertraglichen Konstellation für den Bereich der RBÜ ergebenden Sonderregeln für das Verhältnis der einzelnen Fassungen des WUA zueinander nicht übertragen lassen. Es ist vielmehr davon auszugehen, daß es sich bei dem RWUA von 1971 um eine neue und gegenüber der alten Konvention selbständige Vereinbarung handelt, deren Anwendungsbereich, soweit nicht konventionseigene Sonderbestimmungen eingreifen, sich ausschließlich aus den für mehrseitige völkerrechtliche Verträge geltenden Regeln ergibt.
Eine für die Bestimmung des Verhältnisses der Konventionen zueinander maßgebende konventionelle Sonderbestimmung ist in Art. IX Abs. 3 und 4 RWUA enthalten.
Danach bedeutet für einen Staat, der nicht Vertragspartei der Konvention von 1952 ist, der Beitritt zur Konvention von 1971 zugleich den Beitritt zur Konvention von 1952. Es wird daher auch für die neu beitretenden Staaten ein Vertragsverhältnis mit den Staaten begründet, die allein durch die Konvention von 1952 gebunden sind[84].

---

[83] Vgl. *Rogge* in: Stockholmer Konferenz 1967, S. 45. Die Änderung beschränkte sich darauf, daß Art. 32 Abs. 1 RBÜ (Stockholm-Pariser Fassung) die Möglichkeit in Rechnung stellte, daß ein Land nicht der Stockholmer Fassung insgesamt, sondern nur den materiell-rechtlichen oder nur dem administrativen Teil beitritt; vgl. *Ulmer* in GRUR Int. 1971, 424.
[84] Vgl. *Ulmer* in GRUR Int. 1971, 426.

Nach Art. IX Abs. 4 RWUA finden im Verhältnis zwischen Vertragsstaaten, von denen nur der eine der neuen Konvention beigetreten ist, die Bestimmungen der alten Konvention Anwendung[85].
Im Interesse der baldigen Möglichkeit der Anwendung der Regeln der neuen Konvention, insbesondere im Verhältnis zu den Entwicklungsländern, wurde darüber hinaus vorgesehen, daß die Staaten, die nur durch die Konvention von 1952 gebunden sind, durch eine Notifikation, die beim Generaldirektor der UNESCO zu hinterlegen ist, erklären können, daß sie den Vertragsstaaten, die die neue Konvention angenommen haben, die Anwendung der Regeln dieser Konvention auf Werke ihrer Staatsangehörigen sowie auf Werke gestatten, die erstmals auf ihrem Gebiet veröffentlicht wurden.
Hinsichtlich der Anwendbarkeit der für den Anwendungsbereich des WUA maßgebenden Zusatzprotokolle Nr. 1 und 2[86], die dem Abkommen von 1952 beigefügt wurden, erfolgte die Regelung durch eine Erneuerung der beiden Protokolle auch für den Bereich des RWUA, so daß sich insoweit keine Änderung ergab[87].

§ 11. Das Rangverhältnis der Konventionen untereinander

a. Die Überschneidung der Geltungsbereiche

Die Revidierte Berner Übereinkunft und das Welturheberrechtsabkommen sowie die anderen internationalen Urheberrechtsabkommen dienen der Regelung der zwischenstaatlichen Urheberrechtsbeziehungen und sind, soweit es sich bei den erstgenannten Konventionen um mehrseitige offene Verträge handelt, darauf angelegt, eine möglichst große Zahl von Staaten unter ihrem Schutzdach zu vereinigen.
Die sich aus dem Drang zur universellen Geltung ergebenden Überschneidungen der Geltungsbereiche dieser Konventionen machen, im Hinblick auf das durch sie vorgesehene unterschiedliche Schutzniveau, die gegenseitige Abgrenzung der jeweiligen Anwendungsbereiche erforderlich. Darüber hinaus mußte auch das Verhältnis gegenüber den übrigen bestehenden sowie künftigen Urheberrechtsabkommen geklärt werden.
Hinsichtlich des Verhältnisses der beiden großen Konventionen zueinander war man bereits bei den ersten Vorarbeiten für das WUA von der Vorausset-

---

[85] Der darüber hinausgehende Vorschlag des Entwurfs (vgl. dazu *Ulmer* in GRUR Int. 1970, 332), daß für die Verpflichtung der Staaten, die die neue Konvention angenommen haben, soweit keine gegenteiligen Erklärungen erfolgten, die neue Konvention maßgebend sein soll, fand seitens mehrerer Staaten keine Unterstützung (vgl. dazu ausführlich *Ulmer* in GRUR Int. 1971, 426).
[86] Vgl. oben S. 71.
[87] Vgl. *Ulmer* in GRUR Int. 1971, 427.

zung ausgegangen, daß durch das neue zusätzliche Abkommen der Bestand und die Schutzhöhe der Berner Union nicht gefährdet werden dürfte und dieser Verband, der den internationalen Urheberrechtsschutz in so vielen Ländern der Erde in wirksamer Weise organisiert hatte, unangetastet bleiben mußte[88].

Die Bestimmung des Art. XVII WUA dient diesem Ziel, indem sie einerseits für den Abfall von der RBÜ Sanktionen vorsieht, andererseits in Verbindung mit dem Zusatzprotokoll zu diesem Artikel die Frage des Nebeneinander der beiden Konventionen, d. h. ihres gegenseitigen Anwendungsbereiches, einer ausführlichen Regelung unterzieht[89].

Im Verhältnis des WUA zu den anderen zwischenstaatlichen Urheberrechtsabkommen gilt dagegen gemäß Art. XIX WUA eine hiervon abweichende Regel, da nach dem Willen der Vertragsstaaten insoweit der allgemeine Völkerrechtliche Grundsatz, daß die jüngere Norm der älteren vorgehen soll (lex posterior derogat priori), in umfassender Weise Berücksichtigung finden sollte[90].

b. Die Regelung im Verhältnis der Berner Übereinkunft – Welturheberrechtsabkommen

Nach dem allgemeinen völkerrechtlichen Grundsatz des Vorrangs der jüngeren Vereinbarung müßten die Bestimmungen der RBÜ (alle Fassungen bis einschließlich der von Brüssel) für die Staaten, die Vertragsstaaten beider Abkommen sind, durch die Normen des WUA derogiert werden.

Eine solche Derogation war jedoch seitens der Vertragsstaaten nicht beabsichtigt, darüber hinaus auch mit den Grundgedanken der RBÜ unvereinbar[91].

Die Sicherung des Primats der RBÜ und damit die Festlegung ihres Anwendungsbereiches gegenüber dem WUA erfolgte durch Art. XVII WUA sowie der hierzu vereinbarten Zusatzerklärung, die für die Vertragsstaaten ein integrierender Bestandteil des Abkommens bildet[92].

---

88 Vgl. *Troller* in RabelsZ (1954), 27; *Bappert/Wagner*, Internationales Urheberrecht, S. 264; *dies.* in GRUR Int. 1956, 350.

89 Demgegenüber enthält die RBÜ als die ältere mehrseitige Urheberrechtskonvention keine dem Art. XVII WUA vergleichbare Regelung. Eine für das Verhältnis zu den anderen Urheberrechtsabkommen maßgebende Bestimmung ist einzig in Art. 15 BÜ (ursprüngliche Fassung) bzw. Art. 20 RBÜ (der späteren Fassungen) enthalten, die den Verbandsstaaten einerseits das Recht einräumt, besondere Abkommen, die über den Schutz der RBÜ hinausgehen, abzuschließen, andererseits die Geltung bestehender Abkommen auf diejenigen beschränkt, die entweder einen der RBÜ gleichzusetzenden Schutz enthalten oder darüber hinausgehende Regelungen vorsehen. Vgl. *Hoffmann*, Berner Übereinkunft, S. 205 ff.

90 Vgl. *Bappert/Wagner* in GRUR Int. 1956, 350.

91 Vgl. Art. 20 RBÜ und auch oben S. 49.

92 Die auf der Pariser Revisionskonferenz erfolgte Neufassung der Zusatzerklärung zu

Die Bestimmung des Art. XVII Abs. 1 WUA enthält den für das Verhältnis der Konventionen maßgebenden Grundsatz, daß die Normen der RBÜ und die Zugehörigkeit zu dem durch diese Übereinkunft geschaffenen Verband in keiner Weise durch das WUA berührt werden. Dies hat entsprechend der in Ziff. b der Zusatzerklärung zu Art. XVII enthaltenen Regelung zur Folge, daß jeder Urheber oder Verwertungsberechtigte in einem Verbandsland der RBÜ, das gleichzeitig auch Vertragsstaat des WUA ist, für das Werk, das nach den Anknüpfungsregeln der RBÜ ein Verbandsland als Ursprungsland hat, somit als verbandsgeschütztes Werk anzusehen ist, nur den durch die Berner Übereinkunft vorgesehenen Schutz in Anspruch nehmen kann, sich dagegen in diesem Verbandsland nicht auf das WUA berufen kann[93] [94].
Abgesehen von der Festlegung des Primats der RBÜ enthält das WUA darüber hinaus auch Bestimmungen zur Aufrechterhaltung des Bestands der Union. Für den Fall der Kündigung seitens eines Verbandslandes sind nach Ziff. a der Zusatzerklärung zu Art. XVII WUA für den Anwendungsbereich des WUA Sanktionen vorgesehen.
Danach sind alle Verbandsländer der RBÜ, die gleichzeitig Vertragsstaaten des WUA sind, verpflichtet, in folgenden Fällen Sanktionen zu ergreifen:

ein Staat, der Verbandsland der RBÜ und Vertragsstaat des WUA ist,

---

Art. XVIII WUA hat an der hier dargestellten Lage im Verhältnis der Anwendungsbereiche der beiden Konventionen insoweit zu keiner Änderung geführt, als sich die den Entwicklungsländern eingeräumten Erleichterungen (insbesondere die Suspendierung der in Ziff. a der Zusatzerklärung enthaltenen Schutzklausel für die Berner Union in Ziff. b der Zusatzerklärung (Pariser Fassung)) auf den Fall der Kündigung der RBÜ beschränkt. Die für die Regelung des Anwendungsbereiches maßgebende Vorschrift der Zusatzerklärung hat in Ziff. c lediglich eine redaktionelle Neufassung erfahren.

[93] Vgl. *Troller* in RabelsZ (1954), 28 f.; *Bappert/Wagner*, Internationales Urheberrecht, S. 265; *dies.* in GRUR Int. 1956, 350.

[94] Die in Art. XVII Abs. 4 WUA i. V. mit Ziff. b des Zusatzprotokolls enthaltene Abgrenzung der Anwendungsbereiche der Konventionen darf jedoch nicht darüber hinwegtäuschen, daß es trotzdem Fälle gibt, in denen das WUA, obwohl es sich um Rechtsverhältnisse zwischen Verbandsstaaten der RBÜ handelt, zur Anwendung kommen kann. Läßt ein verbandsangehöriger Urheber sein Werk erstmals außerhalb eines Verbandslandes veröffentlichen, so ist nach der Regelung der Anknüpfungspunkte der RBÜ (Brüsseler Fassung) kein Verbandsland als Ursprungsland des Werkes anzusehen, so daß eine Anwendung des WUA Ziff. b der Zusatzerklärung nicht mehr im Wege steht (vgl. dazu *Troller*, ibid., 29); nach der Erweiterung der Anknüpfungspunkte der RBÜ durch die Stockholm-Pariser Revision hat diese Überschneidung der Anwendungsbereiche an Bedeutung verloren, da hiernach auch in einem solchen Falle ein Ursprungsland i. S. der RBÜ (das Heimatland des Urhebers), (vgl. Art. 5 Abs. 4 Ziff. c RBÜ) vorliegen würde. Gleiches gilt für das Werk eines staatenlosen Urhebers, der seinen gewöhnlichen Aufenthalt in einem Verbandsland hat (Zusatzprotokoll 1). Die unveröffentlichten Werke und diejenigen Werke eines solchen Urhebers, die erstmals außerhalb des Verbandsgebietes der RBÜ veröffentlicht wurden, haben in allen anderen Vertragsstaaten, für die gleichfalls das Zusatzprotokoll Nr. 1 in Kraft getreten ist, Anspruch auf den Schutz des WUA. Vgl. *Bappert/Wagner* in GRUR Int. 1956, 351.

scheidet nach dem 1. Januar 1951 aus dem Verband aus und bleibt nur noch Vertragsstaat des WUA;
ein Staat, der Verbandsland der RBÜ ist, scheidet nach dem 1. Januar 1951 aus dem Verbandsland aus und wird Mitglied des WUA.

Die Sanktion besteht darin, daß von dem Zeitpunkt an, zu welchem die Kündigung der RBÜ wirksam wird[95], alle Werke, deren Ursprungsland das ausscheidende Land ist, in den anderen Verbandsländern weder nach den Normen der RBÜ (aus der ja der Austritt erfolgte) noch nach den Bestimmungen des WUA geschützt werden[96].
Auf der Pariser Revisionskonferenz erfolgte eine Änderung dieser Sanktionsregelung im Zuge der Einräumung von Vergünstigungen für die Entwicklungsländer. Entsprechend der Washingtoner Empfehlung[97] haben die Entwicklungsländer, die der Berner Union angehören, auf Grund der Revision des WUA nunmehr die Möglichkeit, aus dem Verbande auszuscheiden und sich auf die Zugehörigkeit zum WUA zu beschränken, ohne daß die in der Schutzklausel vorgesehene Sanktion eintritt. Dies ergibt sich aus Ziff. b der Neufassung der Zusatzerklärung zu Art. XVII WUA (Pariser Fassung), in der die Suspension der Schutzklausel zugunsten der Entwicklungsländer vorgesehen ist[98].

---

[95] Vgl. Art. 29 Abs. 2 RBÜ (Brüsseler Fassung).

[96] *Bappert/Wagner*, ibid., 351 f., weist in diesem Zusammenhang zutreffend darauf hin, daß diese Regelung nicht bedeutet, daß von dem Zeitpunkt der Wirksamkeit der Kündigung an, das WUA zwischen einem solchen ausscheidenden Staat und den anderen Vertragsstaaten, die Verbandsländer der RBÜ bleiben, überhaupt nicht mehr anzuwenden ist. Die Sanktion der Schutzverweigerung beschränkt sich, ebenso wie bei der Abgrenzung des Anwendungsbereiches, (vgl. oben) wiederum nur auf „Werke, die nach den Bestimmungen der RBÜ als Ursprungsland ein Land haben, das nach dem 1. Jan. 1951 aus dem Verbandsland ausgeschieden ist". Die Werke, die erstmals außerhalb des Verbandsgebietes veröffentlicht worden sind, oder Werke Staatenloser sind keine verbandseigenen Werke der RBÜ. Sie müssen nach wie vor in den anderen Verbandsländern, die gleichzeitig Mitgliedsstaaten des WUA sind, nach den Bestimmungen dieses Abkommens geschützt werden. Der Versuch von *Bogsch* und *Desbois* (vgl. DdA 1955, 15) die Auswirkung der Schutzverweigerung gemäß Ziff. a der Zusatzerklärung auf die Fälle zu beschränken, bei denen das Werk zum Zeitpunkt des Ausscheidens des Ursprungslandes aus dem Verband bereits erschienen war, während Werke, die nach dem Ausscheiden erscheinen, von der Sanktion nicht betroffen sein sollen, findet, wie *Bappert/Wagner* richtig feststellt (GRUR Int. 1956, 352), weder im Text der Zusatzerklärung, noch in deren Sinn eine Stütze.

[97] Vgl. *Ulmer* in GRUR Int. 1970, 167 ff.

[98] Die Suspension der Schutzklausel hat zur Voraussetzung, daß der betreffende Staat im Zeitpunkt seines Austritts aus der Berner Union beim Generaldirektor der UNESCO eine Notifikation hinterlegt, in der er auf seinen Status als Entwicklungsland hinweist. Die Hinterlegung kann im Zeitpunkt der Ratifikation oder des Beitritts zu dem revidierten Abkommen oder in einem späteren Zeitpunkt erfolgen. Vgl. dazu *Ulmer* in GRUR Int. 1971, 427 f.

c. Das Verhältnis des Welturheberrechtsabkommens zu dritten Urheberrechtsabkommen

Das WUA enthält im Gegensatz zur RBÜ nicht nur eine ausdrückliche Abgrenzungsbestimmung im Verhältnis zur Berner Union, sondern regelt darüber hinaus sein Verhältnis gegenüber den übrigen internationalen Urheberrechtskonventionen, wobei es zwischen den ausschließlich interamerikanischen urheberrechtlichen Staatsverträgen auf der einen und den anderen multilateralen und bilateralen Staatsverträgen auf der anderen Seite unterscheidet.
Die Regelung im Verhältnis zu den ausschließlich interamerikanischen Urheberrechtsverträgen[99] ist in Art. XVIII WUA enthalten, der nach dem allgemeinen Grundsatz der „lex posterior derogat legi priori" bestimmt, daß bei Widersprüchen zwischen diesen bestehenden oder auch zukünftigen Staatsverträgen und dem WUA unter den Vertragsstaaten das zuletzt abgeschlossene Abkommen den Vorrang hat[100].
Im Verhältnis zu den übrigen Urheberrechtsabkommen[101] enthält Art. XIX WUA eine Regelung, die auf den Gedanken des Fortbestehens der mit den Grundsätzen des WUA übereinstimmenden Abkommen sowie der lex posterior-Regel aufbaut, hiervon jedoch auch gewisse Ausnahmen vorsieht.
Nach Art. XIX Satz 2 WUA haben die Bestimmungen des WUA Vorrang und sind allein anzuwenden, wenn Bestimmungen der fraglichen Abkommen von diesen Regeln abweichen, ohne daß es darauf ankommt, ob eine Benachteiligung des Urhebers gegenüber der Regelung des WUA gegeben ist oder nicht. Selbst eine Besserstellung ist insoweit ohne Belang[102].

---

[99] Vgl. oben S. 41 ff., zu denen jedoch nicht die Konvention von Montevideo gehört, da sie auch außeramerikanischen Staaten offenstand, vgl. *Bappert/Wagner* in GRUR Int. 1956, 352.

[100] Nach der in Art. XVIII Satz 3 enthaltenen Übergangsregelung bleiben von dieser Regelung jedoch diejenigen Rechte an einem Werk unberührt, die in einem Vertragsstaat auf Grund der bestehenden Abkommen vor dem Inkrafttreten des WUA erworben wurden.

[101] Vgl. zum konventionellen Begriff der „Abkommen und Vereinbarungen" *Bappert/Wagner* in GRUR Int. 1956, 352 f.

[102] Vgl. *Bappert/Wagner*, ibid., 354 mit Beispielen; *Bogsch*, Universal Convention, S. 129 ff., 139; vgl. zur Auseinandersetzung um die Auslegung des Tatbestandsmerkmals des „Abweichens" i. S. Art. XIX Satz 2 WUA. Ein Teil der Literatur (*Bolla* in Copyright Bull. 1955, Vol. VIII, 91) vertrat die Ansicht, daß ein Abweichen („divergence") nur dann gegeben sei, wenn das frühere Abkommen im Vergleich zum WUA entgegengesetzte Bestimmungen enthält, die ihre gleichzeitige Anwendung ausschließen, weil beide Bestimmungen schlechthin unvereinbar sind, während Bestimmungen, die sich zwar sachlich unterscheiden, ohne jedoch einen Widerspruch zu bilden, nicht die Voraussetzung des Satz 2 erfüllen. Demgegenüber vertritt die wohl herrschende Auffassung (vgl. *Ulmer* in Börsenblatt 1952, 438; *Bogsch* in DdA 1953, 145; ders., Universal Convention, S. 129 f.; wohl auch *Troller* in RabelsZ 1954, 31) eine formalistischere Haltung, indem sie den Bestimmungen des WUA immer dann Vorrang einräumt, wenn die Regelungen des früheren Abkommens nur objektiv von denen der Konventionen abweichen. Die

Dies hat zur Folge, daß etwa die Konvention von Montevideo im Verhältnis zu den durch das WUA gebundenen Staaten keine Anwendung mehr findet, da ihr Schutzprinzip im Gegensatz zu dem Inländerbehandlungsgrundsatz des WUA auf der lex originis aufbaut.
Gleiches gilt für das deutsch-amerikanische Abkommen vom 15. Januar 1892, das zwar auf der Grundlage der Inländerbehandlung den Schutz gewährt, dessen gegenüber dem WUA abweichende Regeln der Förmlichkeiten sowie der Schutzfrist durch Art. XIX Satz 2 WUA im Verhältnis der durch dieses Abkommen verbundenen Staaten aufgehoben sind[103].

Abwägung der hierfür vorgebrachten Gründe ergibt, trotz der weitreichenden Konsequenzen (vgl. dazu *Bappert/Wagner* in GRUR Int. 1956, 354 f.), im Hinblick auf die Entwertung einer Vielzahl älterer Abkommen, daß der von der überwiegenden Literatur vertretenen Ansicht der Vorzug zu geben ist. Dies folgt einmal daraus, daß das von *Bolla* zur Stützung seiner Ansicht herangezogene Argument der Entstehungsgeschichte wohl nicht zutrifft, da der Begriff des „Abweichens" erst sehr spät Aufnahme in den Konventionstext gefunden hat, die ja im übrigen von dem Grundsatz der lex posterior ausgeht. Darüber hinaus ergibt sich auch kein entscheidender Widerspruch zu der Präambel, der ja für die Vertragsauslegung keine bindende Wirkung zugesprochen werden kann (vgl. dazu ausführlich *Bogsch*, ibid., S. 130 und *Bappert/Wagner*, ibid., 354).

[103] Vgl. die Auswirkungen auf das Verhältnis der ehemals mit Deutschland durch die Konvention von Montevideo verbundenen Länder Argentinien, Bolivien, Paraguay sowie des Abkommens zwischen dem Deutschen Reich und der Republik Costa Rica vom 21. Okt. 1932 (RGBl. 1933 II, 948) bei *Bappert/Wagner*, ibid., 355.

Viertes Kapitel: Der durch die Konventionen gewährte Rechtsschutz – Inländerbehandlung und weitere Schutzprinzipien

§ 12. Das räumliche Schutzprinzip

a. Der Ausschluß des „Ursprungs-" bzw. „Heimatlandes" des Werkes vom Konventionsschutz

Wie bereits bei der Untersuchung der Anwendungsbereiche der Konventionen dargelegt[104], beschränkt sich der durch die Berner Übereinkunft und das Welturheberrechtsabkommen gewährte Rechtsschutz auf diejenigen Verbandsländer, die nach den Regeln über die Anknüpfungspunkte nicht als „Ursprungs-" bzw. „Heimatland" des für den jeweiligen Konventionsschutz in Frage kommenden Werkes anzusehen sind.
Nach den Grundsätzen beider Konventionen besteht somit zwischen dem Schutz in dem Verbandsland, in dem auf Grund der konventionellen Festlegung das Werk als heimatberechtigt angesehen wird und dem Schutz in den übrigen Verbandsländern ein grundsätzlicher Unterschied.
Während der Schutz im „Ursprungs-" bzw. „Heimatland" sich ausschließlich nach dem jeweiligen innerstaatlichen Recht bestimmt, kommt der durch die Konventionen vorgesehene Schutz lediglich in den übrigen Verbandsstaaten zum Tragen.
Dieser Grundsatz ergibt sich für die Berner Übereinkunft aus den Art. 5 Abs. 1 und 3 (Stockholm-Pariser Fassung), wo ausdrücklich bestimmt ist, daß die Urheber für die konventionsgeschützten Werke den Schutz des Verbandslandes „in allen Verbandsländern mit Ausnahme des Ursprungslandes" genießen, des weiteren sich „der Schutz im Ursprungsland . . . nach den innerstaatlichen Rechtsvorschriften (richtet)".
Im Welturheberrechtsabkommen ist dieser Grundsatz in Art. II Abs. 1 und 2 (Pariser Fassung) dadurch verwirklicht, daß festgelegt ist, daß der geschützte Urheber „. . . in jedem *anderen* Vertragsstaat" den durch die Konvention vorgesehenen Schutz beanspruchen kann.
Der Urheberrechtsschutz im „Ursprungs-" bzw. „Heimatland" eines durch die Konvention geschützten Werkes ist daher den Konventionen entzogen, er richtet sich vielmehr nach der jeweiligen innerstaatlichen Rechtsordnung.
Diese prinzipielle Regelung steht mit dem Grundsatz der Konventionen im Einklang, nur den zwischenstaatlichen Urheberrechtsschutz zu regeln, nicht jedoch in das innerstaatliche Urheberrecht eingreifen zu wollen[105].

---

[104] Vgl. oben S. 73 ff.
[105] Vgl. dazu *Bergström* in GRUR Int. 1973, 241.

b. Die Ausnahmeregelung der RBÜ zum Schutz vor Diskriminierung fremder Urheber in einem konventionsangehörigen Ursprungsland

Eine teilweise Erstreckung des Konventionsschutzes auf den Bereich des Ursprungslandes eines geschützten Werkes und damit einen Eingriff in den innerstaatlichen Urheberrechtsschutz enthält nur die Berner Übereinkunft. Die Art. 5 und 6 (Brüsseler Fassung) bzw. 5 Abs. 3 Satz 2 (Stockholm-Pariser Fassung) enthalten zur Verhinderung einer Diskriminierung verbandsgeschützter Urheber insoweit eine Ausnahmeregelung.
Danach können Urheber verbandsgeschützter Werke sich im Ursprungsland ihrer Werke auf Grund der genannten Konventionsbestimmungen auch dann auf die Inländerbehandlung berufen, wenn das nationale Fremdenrecht diese ausländischen Urhebern vorenthält.
Aus Art. 5 Abs. 3 Satz 2 (Stockholm-Pariser Fassung)[106] ergibt sich eindeutig, daß sich diese Ausnahmeregelung, als reine Schutzvorschrift, auf die bloße Gleichstellung des verbandsgeschützten fremden Urhebers mit denen des Ursprungslandes beschränkt, nicht dagegen eine Gewährung der durch die Konvention im übrigen vorgesehenen Rechte enthält.
Der solchermaßen geschützte fremde Verbandsurheber muß sich daher im Ursprungsland seines Werkes, wie auch jeder andere inländische Urheber von Verbandswerken, dem auf der nationalen Rechtsordnung des Ursprungslandes basierenden Schutz gefallen lassen, der auch hinter dem Mindestschutz der Berner Übereinkunft zurückbleiben kann[107].

c. Der Schutz in den übrigen Konventionsländern

In den anderen Verbandsstaaten bestimmt sich der Urheberrechtsschutz verbandsgeschützter Werke ausnahmslos nach den im folgenden darzustellenden Schutzprinzipien der Konventionen.

§ 13. Die materiellen Schutzprinzipien der Berner Übereinkunft und des Welturheberrechtsabkommens

Die in der Berner Übereinkunft und dem Welturheberrechtsabkommen verwirklichten Schutzprinzipien lassen sich wie folgt zusammenfassen:

(a) Der Grundsatz der Inländerbehandlung, d. h. das verbandsgeschützte Werk wird in dem jeweiligen Schutzland in gleicher Weise geschützt wie die inländischen Werke;

---

[106] Art. 5 Abs. 3 Satz 2 hat folgenden Wortlaut: „Gehört der Urheber eines auf Grund dieser Übereinkunft geschützten Werkes nicht dem Ursprungsland des Werkes an, so hat er in diesem Land die gleichen Rechte wie die inländischen Urheber."
[107] Vgl. *Bergström* in GRUR Int. 1973, 241.

(b) die Anwendung der materiellen Konventionsbestimmungen, d. h. dem verbandsgeschützten Werk werden in dem jeweiligen Schutzland, neben dem auf Grund des Inländerbehandlungsgrundsatzes zu gewährenden Rechten, materielle, möglicherweise über das Schutzniveau der inländischen Rechtsordnung hinausgehenden Rechte, zugebilligt;

(c) die Anwendung des Rechts des Ursprungslandes als Korrektur des im übrigen gewährten Konventionsschutzes.

Die vorgenannten Schutzprinzipien bilden in ihrem Zusammenwirken das komplexe Schutzgebilde der Konventionen, wobei sowohl ihre historische Entwicklung als auch ihre systematische Interdependenz die Wertung zuläßt, daß es sich hierbei nicht um gleichgeordnete Regelungssätze handelt, sondern lediglich um Ergänzungen bzw. Einschränkungen des auf dem maßgebenden Schutzprinzip der Inländerbehandlung aufgebauten Konventionsschutzes[108].

a. Der Inländerbehandlungsgrundsatz

Nach dem Grundsatz der Inländerbehandlung, wie er in Art. 5 Abs. 1 und 2 RBÜ (Stockholm-Pariser Fassung)[109] bzw. Art. II Abs. 1 und 2 WUA (Pariser Fassung)[110] enthalten ist, genießen Urheber für ihre verbandsgeschützten Werke den Schutz, den die Rechtsordnung des Verbandslandes, in dem der Schutz begehrt wird, den Werken inländischer Urheber gewährt.

---

[108] A. A. *Bergström* in GRUR Int. 1973, 241, der in diesem Zusammenhang von „drei Hauptprinzipien" spricht.

[109] Art. 5 Abs. 1 und 2 RBÜ (Stockholm-Pariser Fassung) haben folgenden Wortlaut:
„1. Die Urheber genießen für die Werke, für die sie durch diese Übereinkunft geschützt sind, in allen Verbandsländern mit Ausnahme des Ursprungslandes des Werkes die Rechte, die die einschlägigen Gesetze den inländischen Urhebern gegenwärtig gewähren oder in Zukunft gewähren werden, sowie die in dieser Übereinkunft besonders gewährten Rechte.
2. Der Genuß und die Ausübung dieser Rechte sind nicht an die Erfüllung irgendwelcher Förmlichkeiten gebunden; dieser Genuß und diese Ausübung sind unabhängig vom Bestehen des Schutzes im Ursprungsland des Werkes. Infolgedessen richten sich der Umfang des Schutzes sowie die dem Urheber zur Wahrung seiner Rechte zustehenden Rechtsbehelfe ausschließlich nach den Rechtsvorschriften des Landes, in dem der Schutz beansprucht wird, soweit diese Übereinkunft nichts anderes bestimmt."

[110] Art. II Abs. 1 und 2 RWUA haben folgenden Wortlaut:
„1. Veröffentlichte Werke der Angehörigen eines Vertragsstaates und die zum ersten Mal im Hoheitsgebiet eines Vertragssstaates veröffentlichten Werke genießen in jedem anderen Vertragsstaat den gleichen Schutz, den dieser andere Staat den zum ersten Mal in seinem eigenen Hoheitsgebiet veröffentlichten Werken seiner Staatsangehörigen gewährt, sowie den durch dieses Abkommen besonders gewährten Schutz.
2. Unveröffentlichte Werke der Angehörigen eines Vertragsstaates genießen in jedem anderen Vertragsstaat den gleichen Schutz, den dieser andere Staat den unveröffentlichten Werken seiner Staatsangehörigen gewährt, sowie den durch dieses Abkommen besonders gewährten Schutz."

Die verbandsgeschützten Werke werden hinsichtlich Art und Ausmaß des Schutzes den inländischen Werken gleichgestellt, mit der Folge, daß ihnen in allen Verbandsländern[111] diejenigen Rechte zu gewähren sind, welche die dem Urheberschutz dienenden innerstaatlichen Bestimmungen zum Schutz der jeweiligen inländischen Urheber vorsehen[112].
Hierzu gehören im Sinne der Konventionen grundsätzlich alle Schutzbestimmungen zivilrechtlicher, strafrechtlicher und verwaltungsrechtlicher Art, die die Sicherung, Verfolgung oder Durchsetzung der Rechte oder Ansprüche des Urhebers am Werk betreffen, ohne Rücksicht darauf, ob diese in den ausdrücklich den Urheberschutz dienenden Gesetzen enthalten sind oder nicht[113].
Dies gilt jedenfalls uneingeschränkt für diejenigen urheberrechtlichen Befugnisse, die zum Zeitpunkt der Unterzeichnung der jeweiligen Abkommen bzw. ihrer maßgebenden Fassungen auch als solche von den Verbandsländern angesehen wurden[114].
So bezieht etwa Art. 4 Abs. 2 RBÜ (Brüsseler Fassung) nur die Rechte der „einschlägigen Gesetze" auch für die Zukunft in den zu gewährenden Konventionsschutz ein. Dabei ist davon auszugehen, daß hierzu in erster Linie diejenigen urheberrechtlichen Befugnisse gehören, die in den anderen Verbandsländern bereits als solche anerkannt sind, während bei neuartigen, in einzelnen Verbandsländern erstmalig eingeführten Rechten die Einbeziehung in den nach dem Inländerbehandlungsgrundsatz zu gewährenden Rechtsschutz, erst nach Feststellung ihrer urheberrechtlichen Natur im Sinne der Konventionen erfolgen kann[115].
Die erforderliche Qualifizierung ist, wiewohl sich die von den Konventionen erfaßten Rechte regelmäßig in den nationalen Urheberrechtsgesetzen finden, grundsätzlich von ihrer systematischen Stellung in der innerstaatlichen Rechtsordnung unabhängig[116].

---

[111] mit Ausnahme des Ursprungs- bzw. Heimatlandes des Werkes, vgl. oben S. 107.
[112] Vgl. *Bappert/Wagner*, Internationales Urheberrecht, S. 76 ff., 209 f.
[113] Vgl. *Seiller*, S. 213; *Goldbaum*, Berner Übereinkunft, S. 40; *Hoffmann*, Berner Übereinkunft, S. 84; *Bappert/Wagner*, ibid., S. 77, 210; *Ulmer* in RabelsZ 37 (1973), 508; *v. Ungern-Sternberg* in GRUR Int. 1973, 63, Fußn. 10; *Khadjavi-Gontard*, S. 89 ff.
[114] Vgl. *Khadjavi-Gontard*, S. 94, mit weiteren Nachweisen; unklar in diesem Zusammenhang *Hoffmann*, ibid., S. 87, der diese Frage im Zusammenhang mit der Erforderlichkeit der Gegenseitigkeit sieht und anhand der Einführung des Folgerechts (droit de suite) in den Verbandsländern der RBÜ (Rom-Fassung), Frankreich (1920), Belgien (1921) und der Tschechoslowakei (1926) behandelt. Hoffmann geht davon aus, daß „alle Erweiterung der lex fori . . . den verbandseigenen Werken zugute (kommen)" auch wenn sie „das Gesetz des Ursprungslandes nicht kennt".
[115] Vgl. zu der gleichgelagerten Problematik beim WUA *Bappert/Wagner*, Internationales Urheberrecht, S. 210.
[116] Vgl. *Hoffmann*, Berner Übereinkunft, S. 84; *Bappert/Wagner*, ibid., S. 77; *Bogsch*, Universal Convention, S. 23.

Sie erfolgt allein nach den sich aus der Auslegung der Konventionen ergebenden materiellen Beurteilungskriterien[117].

Hinsichtlich der maßgebenden Beurteilungskriterien ist einmal davon auszugehen, daß trotz der sowohl seitens der Berner Übereinkunft als auch des Welturheberrechtsabkommens beabsichtigten weitgehenden Erstreckung der Verpflichtung zur Inländerbehandlung grundsätzlich nur solche Rechte erfaßt werden, die dem Urheber in bezug auf ein konkretes Werk eingeräumt werden und die ihre Wurzel in dessen Immaterialgüterrecht an seinem Werk und damit ihre sachliche Grundlage in der allgemeinen Umschreibung des Schutzgegenstandes des Urheberrechts haben[118].

Deshalb erfassen beide Urheberrechtskonventionen in erster Linie diejenigen urheberrechtlichen Befugnisse, die dem einzelnen Urheber eine dem Eigentum ähnliche, absolute Stellung an seinem Werk zuweisen, insbesondere den Charakter eines Benutzungs- oder Abwehrrechts haben[119].

Befugnisse, die sich nicht in dieser Weise als Teil- oder Hilfsansprüche des absoluten Rechts des Urhebers an seinem Werk qualifizieren lassen, gehören dagegen nur in besonderen Fällen zu den durch die „einschlägigen Gesetze" gewährten bzw. den dem „Schutz der Rechte des Urhebers" dienenden Befugnissen und stehen daher regelmäßig außerhalb des normalen konventionsrechtlichen Schutzbereichs[120].

Die dargelegte Orientierung der Konventionen an eigentumsähnlichen Ausschließlichkeitsrechten zugunsten der Urheber darf jedoch nicht darüber hinwegtäuschen, daß im Einzelfall sehr wohl auch ihrer Rechtsnatur nach außerhalb des vorgenannten Rahmens stehende Befugnisse, etwa schuld-

---

[117] Die Frage, von welchem Standpunkt die Qualifikation vorzunehmen ist, von dem der Konvention oder gemäß der Rechtsordnung des Schutzlandes, war für den Bereich der Berner Übereinkunft nicht unbestritten. So schienen diejenigen Autoren, die die Frage der Qualifikation des Folgerechts untersuchten, von der Maßgeblichkeit des Rechts des Schutzlandes auszugehen. So etwa *de Sanctis* im Zusammenhang mit der Einführung des droit de suite in Italien, sowie *de Boor* im Rahmen der Diskussion bezüglich der Einführung des Folgerechts im deutschen Urheberrecht. Wie jedoch *Ulmer* nachgewiesen hat, sind die Konventionen nicht aus der Sicht der einzelnen nationalen Rechtsordnungen, sondern aus der Sicht der Konventionen selbst zu deuten. Eine solche Deutung aus der Sicht der Konventionen ist auch da geboten, wo die Konventionen Rechtsbegriffe verwenden, die in den Rechtsordnungen der Verbandsländer vorgeprägt sind, sich im einzelnen aber in ihrem Sinngehalt unterscheiden. Vgl. dazu *Ulmer* in RabelsZ 37 (1973), 508, mit weiteren ausführlichen Nachweisen.

[118] Vgl. *Hoffmann*, Berner Übereinkunft, S. 84; *Bappert/Wagner*, Internationales Urheberrecht, S. 77, 210.

[119] Vgl. *v. Ungern-Sternberg* in GRUR Int. 1973, 63 f., der zutreffend darauf hinweist, daß entsprechend den beiden Komponenten des absoluten Rechts, dem Benutzungs- und Abwehrrecht, unter den Inländerbehandlungsgrundsatz in erster Linie solche Rechte fallen, die Verwertungsrechte an Werken der Literatur und Kunst gewähren oder die Eingriffe in solche verhindern oder sanktionieren sollen.

[120] Vgl. *v. Ungern-Sternberg*, ibid., 63.

rechtliche Vergütungsansprüche, zum Umfang des auf Grund der Inländerbehandlung zu gewährenden Konventionsschutzes gehören können.
Dies gilt uneingeschränkt dann, wenn sich derartige Ansprüche, wie der Anspruch auf die Büchereitantieme nach § 27 UG n. F.[121], als aus dem absoluten Recht des Urhebers an seinem Werk entspringend qualifizieren läßt.
Der tiefere Grund hierfür liegt darin, daß sowohl die Berner Übereinkunft, als auch das Welturheberrechtsabkommen, wie sich bereits aus dem Wortlaut der für die Inländerbehandlung maßgebenden Bestimmungen ergibt, nicht von einem bestimmten Modell eines Urheberrechtsschutzes ausgehen, sondern die Verweisung auf das nationale Recht des Schutzlandes bewußt unbestimmt fassen, um der Vielfalt nationaler rechtlicher Eigenarten Raum zu lassen.
Anerkannt ist jedoch, daß die Konventionen auf Grund des Inländerbehandlungsgrundsatzes nicht den Schutz mit umfassen, den die nationalen Rechtsordnungen im Rahmen ihres Wettbewerbs-, Muster- oder Leistungsschutzrechts gewähren. Diese Vorschriften können nicht als „einschlägige Gesetze" im Sinne der Revidierten Berner Übereinkunft bzw. dem Urheberschutz „dienende Bestimmungen" im Sinne des Welturheberrechtsabkommens angesehen werden[122].
So ist einmal Art. 5 Abs. 1 RBÜ (Stockholm-Pariser Fassung) an dem den „inländischen Urhebern" gewährten Schutz orientiert, während eine solche Ausrichtung gerade beim gewerblichen Rechtsschutz, beim Musterrecht oder beim Leistungsschutz, die Rechte von Gewerbetreibenden, Unternehmern oder ausübenden Künstlern anerkennen, fehlt. Gleiches gilt für das Welturheberrechtsabkommen, das „urheberrechtliche Werke" geschützt wissen will[123].
Sofern es sich um neuartige urheberrechtliche Befugnisse handelt, stellt sich zusätzlich die Frage, ob der Inländerbehandlungsgrundsatz bei Rechten, die in den übrigen Verbandsländern bislang nicht gewährt werden, eine Einschränkung dahingehend erfährt, als bezüglich des fraglichen Rechts Gegenseitigkeit, d. h. mindestens Anerkennung auch im Ursprungsland des Werkes, gegeben sein muß.
Dieser im Zusammenhang mit der Einführung des Folgerechts in einigen Verbandsländern der Berner Übereinkunft vertretenen Ansicht, daß eine Berufung auf die Inländerbehandlung nur dann möglich ist, wenn das betreffende Recht im Ursprungsland eine jedenfalls geringfügige („im Keim") Anerkennung gefunden habe[224], ist jedoch ebenso entgegenzutreten, wie der

---

[121] Vgl. ausführlicher unten S. 148 ff.
[122] Vgl. *Bappert/Wagner*, Internationales Urheberrecht, S. 78, 210 mit ausführlichen Nachweisen.
[123] Vgl. zu Einzelfragen unten S. 131 ff.
[124] Vgl. zu dieser Auseinandersetzung die Darstellung bei *Hoffmann*, Berner Übereín-

Forderung, daß diese Rechte auch ausländischen Urhebern gewährt sein müssen.

Grundsatz der Berner Übereinkunft und des Welturheberrechtsabkommens ist, daß der durch die Inländerbehandlung gewährte Schutz, abgesehen von den konventionsrechtlichen Ausnahmeregelungen, soweit es sich um urheberrechtliche Befugnisse im Sinne der Konventionen handelt, sich allein nach dem Recht des Schutzlandes richtet, ohne daß dabei Art und Umfang des im Ursprungsland gewährten Schutzes zu berücksichtigen ist[125].

Jede Anwendung materieller Reziprozitätsvergleiche, außerhalb der abschließenden Sonderregelungen in den Konventionen, ist als ein Verstoß gegen den tragenden Gedanken sowohl der Berner Übereinkunft als auch des Welturheberrechtsabkommens anzusehen und steht nicht im Einklang mit ihrem Schutzsystem.

Es ist daher festzuhalten, daß sich konventionsgeschützte Urheber grundsätzlich unabhängig davon, ob ihre Heimatgesetzgebung bzw. die des Ursprungslandes des Werkes eine vergleichbare Regelung kennt und diese auch ausländischen Urhebern zugesteht, auf alle im Sinne der Konventionen als urheberrechtlich zu qualifizierenden Befugnisse, berufen können[126].

b. Die besonderen Konventionsrechte

Die wichtigste Ergänzung des Grundsatzes der Inländerbehandlung bilden sowohl bezüglich der Berner Übereinkunft als auch des Welturheberrechtsabkommens, wenn auch in unterschiedlichem Umfange, die besonderen Rechte, die die Konventionen den verbandsgeschützten Urhebern gewähren[127]. Sowohl Art. 5 Abs. 1 RBÜ (Stockholm-Pariser Fassung) als auch Art. II Abs. 1 RWUA (Pariser Fassung) tragen dem ausdrücklich Rechnung, indem sie den Verbandsurhebern neben der Inländerbehandlung „die in dieser Übereinkunft besonders gewährten Rechte" bzw. „den durch dieses Abkommen besonders gewährten Schutz" zuweisen.

Die von der Revidierten Berner Übereinkunft vorgesehenen besonderen Rechte umfassen die Festlegung der konventionsgeschützten Werke (Art. 2), die Befreiung von Förmlichkeiten (Art. 5 Abs. 2), das Urheberpersönlichkeitsrecht – „Droit Moral" – (Art. 6bis), die Festlegung der Schutzfrist (Art. 7), das

---

kunft, S. 87 f.; *Goldbaum*, Berner Übereinkunft, S. 40; *Saenger*, S. 61 ff.; *Ladas*, Bd. I, S. 267; *Troller* in GRUR Int. 1950, 276 ff.; Droit d'Auteur 1926, 52 f.; *Ulmer* in RabelsZ 37 (1973), 499 ff., 507.

125 Droit d'Auteur 1921, 123: „Das verbandseigene Werk wird vom Schutz des Ursprungslandes losgelöst und ganz dem Schutz der einzelnen Verbandsländer unterstellt"; vgl. auch *Hoffmann*, Berner Übereinkunft, S. 9; *Saenger*, S. 66; *Bappert/Wagner*, Internationales Urheberrecht, S. 77, 211.

126 Vgl. *Khadjavi-Gontard*, S. 99.

127 Vgl. *Hoffmann*, Berner Übereinkunft, S. 17 ff.; *Ulmer*, Urheber- und Verlagsrecht, S. 77, 87; *Bappert/Wagner*, Internationales Urheberrecht, S. 42 f., 78 f.

Übersetzungsrecht (Art. 8) sowie die urheberrechtlichen Verwertungsrechte – Vervielfältigungsrecht, Aufführungsrecht, Senderecht, Vortragsrecht, Bearbeitungsrecht – Art. 9, 11, 11bis, 11ter und 12).
Demgegenüber sieht das Welturheberrechtsabkommen als Ergänzung der Inländerbehandlung nur eine einzige materielle Konventionsregelung, nämlich die Festlegung der Schutzfrist in Art. IV Abs. 2 vor.
Die Bedeutung dieser besonderen Rechte für den durch die Konventionen gewährten Rechtsschutz besteht in erster Linie darin, daß sie den verbandsgeschützten Urhebern unmittelbar, d. h. ohne Rücksicht auf die durch die Regelung der Inländerbehandlung zum Schutz berufenen jeweiligen nationalen Rechtsordnungen, zustehen. Die besonderen Rechte können daher insbesondere auch dann in Anspruch genommen werden, wenn das Recht des Schutzlandes vergleichbare Rechte überhaupt nicht kennt oder für diese ein gegenüber den in der Konvention enthaltenen Regelungen niedrigeres Schutzniveau vorsieht. Die materiellen Rechte der Konventionen bilden insoweit eine Art urheberrechtlichen Mindeststandard[128].
Ob darüber hinaus verbandsgeschützte Urheber in allen Fällen der besonderen Rechte auf Grund des Inländerbehandlungsgrundsatzes auch einen im Vergleich zu den materiellen Regelungen der Konventionen weitergehenden innerstaatlichen Rechtsschutz geltend machen können, war für den Bereich der Berner Übereinkunft lange Zeit umstritten[129].
Die Brüsseler Revision von 1949 hat mit der Neufassung des Art. 19 der RBÜ diese Frage beantwortet.
Art. 19 RBÜ (Brüsseler Fassung) erhielt folgenden Wortlaut:

> „Die Bestimmungen dieser Übereinkunft hindern nicht daran, die Anwendung von weitergehenden Bestimmungen zu beanspruchen, die durch die Gesetzgebung eines Verbandslandes etwa erlassen werden."[130]

Danach ist klargestellt, daß Verbandsurheber die weitergehenden Befugnisse, die die auf Grund des Inländerbehandlungsgrundsatzes maßgebende Rechtsordnung vorsieht, in Anspruch nehmen können.
Die besonderen Rechte der Revidierten Berner Übereinkunft bilden somit für die verbandsgeschützten Urheber, jedenfalls seit ihrer Brüsseler Fassung,

---

[128] Vgl. *Röthlisberger*, Berner Übereinkunft, S. 28, 47; *Hoffmann*, ibid., S. 17; *Bappert/Wagner*, ibid., S. 79, die in diesem Zusammenhang von „konventionellen Grundrechten" sprechen.
[129] Vgl. zu den Auseinandersetzungen ausführlich *Hoffmann*, ibid., S. 17 ff., 244 ff.; RGZ 102, 134 ff.; *Baum* in GRUR 1949, 49 f.; *Ulmer*, Urheber- und Verlagsrecht, S. 77 f.; *Bappert/Wagner*, ibid., S. 79, 160 f.
[130] Die Berliner Fassung (1908) lautete demgegenüber mißverständlich wie folgt:
„Die Bestimmungen dieser Übereinkunft hindern nicht, die Anwendung weitergehender Vorschriften zu beanspruchen, die von der Gesetzgebung eines Verbandslandes zugunsten der Ausländer im allgemeinen erlassen werden sollten." Vgl. zu den sich daraus ergebenden Problemen ausführlich *Hoffmann*, Berner Übereinkunft, S. 244 ff.

durch die in Art. 19 RBÜ enthaltene Festlegung als Mindestrechte einen konventionellen Mindestschutz[131].

In gleicher Weise handelt es sich bei der im Welturheberrechtsabkommen enthaltenen materiellen Bestimmung über die Schutzdauer um eine konventionelle Mindestschutzbestimmung. Im Gegensatz zu der in der Berner Übereinkunft vorgesehenen Regelung ergibt sich dort der Mindestschutzcharakter aus dem Wortlaut des einschlägigen Art. IV RWUA (Pariser Fassung), der ausdrücklich die zu gewährende Schutzfrist als „mindestens" die Lebenszeit des Urhebers und 25 Jahre nach seinem Tod, bestimmt[132].

In engem Zusammenhang mit dem durch die besonderen Rechte der Konventionen gewährten Mindestschutz steht die wiederholt erörterte Frage, ob die materiellen Konventionsregeln nicht in einzelnen Fällen gleichzeitig auch die obere Grenze des den Verbandsurhebern zu gewährenden Schutzes, somit einen Maximalschutz, beinhalten[133].

Die Möglichkeit einer derartigen Einschränkung der Inländerbehandlung ist insbesondere im Zusammenhang mit denjenigen besonderen Konventionsrechten erörtert worden, die neben dem Schutz des Urhebers auch Belange der Allgemeinheit gewahrt wissen wollen[134]. Als solche wurden in erster Linie die in Art. 9 Abs. 2 und 3 RBÜ (Brüsseler Fassung) niedergelegten Bestimmungen über die Grenzen des Schutzes von Zeitungsartikeln sowie die in Art. 13 Abs. 3 RBÜ (Berliner- und Rom-Fassung) vorgesehene Regelung zum Schutze der sog. mechanischen Industrie angesehen[135]. Hier schien es lange Zeit zweifelhaft, ob die Verbandsländer den Schutz verbandsgeschützter Werke über den Rahmen der insoweit möglicherweise zwingenden Konventionsbestimmungen erweitern konnten.

Für die Stockholm-Pariser Fassung der Berner Übereinkunft stellt sich die Frage des Maximalschutzes nicht mehr in der vorgenannten Weise, da sowohl die Regelung des Schutzes von Zeitungsartikeln, als auch die übrigen hierfür bislang erörterten Bestimmungen nunmehr ausdrücklich unter dem Vorbehalt einer etwaigen weitergehenden innerstaatlichen Gesetzgebung stehen, die ohne Zweifel auch eine gegenüber den Konventionsnormen günstigere Regelung erlaubt[136].

Etwas anderes könnte nur für die Fälle der Art. 10 und 14bis Abs. 2 Ziff. b RBÜ (Stockholm-Pariser Fassung) gelten. Während es jedoch bezüglich des in Art.

---

131 Vgl. *Ulmer*, Urheber- und Verlagsrecht, S. 78; *Baum* in GRUR 1950, 478; *Bappert/ Wagner*, Internationales Urheberrecht, S. 79, 160 f.

132 Vgl. *Ulmer*, ibid., S. 87.

133 Vgl. hierzu *Baum* in UFITA Bd. 3 (1930) S. 425; *Hoffmann*, Berner Übereinkunft, S. 22 ff.; *Bappert/Wagner*, Internationales Urheberrecht, S. 79 f.

134 Vgl. die Aufzählung der hierfür in Frage kommenden Rechte bei *Hoffmann*, ibid., S. 22 ff., 24; *Bappert/Wagner*, ibid. S. 79 f., 98, 140 f.

135 Vgl. *Hoffmann*, ibid., S. 24 f., 151 f., 197 f., 212.

136 Vgl. Art. 10 bis RBÜ (Stockholm-Pariser Fassung).

10 RBÜ (Stockholm-Pariser Fassung) enthaltenen Zitierrechts, im Hinblick auf die weltweite Anerkennung der Entlehnungsfreiheit, verfehlt ist von einem echten Fall des Maximalschutzes zu sprechen[137], ist die Frage, ob ein solcher bei der in Art. 14bis Abs. 2 Ziff. b RBÜ (Stockholm-Pariser Fassung) enthaltenen Vermutung zugunsten der Filmhersteller anzunehmen ist, nicht ohne weiteres zu beantworten.

Nach dem Inhalt der in dieser Bestimmung enthaltenen Vermutung können die Personen, die sich verpflichtet haben, Beiträge zur Herstellung des Filmwerkes zu leisten, sofern keine gegenteiligen oder besonderen Vereinbarungen getroffen sind, die Auswertung des Films in den im einzelnen bezeichneten Nutzungsarten[138] nicht verbieten. Es wird vielmehr zu Lasten dieser Urhebergruppe die Legitimation des Filmherstellers zur Ausübung dieser Rechte vermutet und damit möglicherweise bezüglich der im übrigen auch für diese Urhebergruppe geltenden Inländerbehandlung eine einschränkende Maximalschutzregelung geschaffen. Jedoch handelt es sich allenfalls um eine sehr schwache Form des Maximalschutzes, da es sich bei dieser Regelung um eine bloße Legitimationsvermutung zur Ausübung der genannten Rechte und nicht etwa um die Übertragung dieser Rechte handelt, so daß es den Verbandsländern unbenommen bleibt, in ihrer Gesetzgebung zugunsten der betroffenen Urheber schöpferischer Beiträge Ansprüche auf eine angemessene Vergütung vorzusehen und somit einen Ausgleich zu schaffen. Daß es sich gleichwohl um eine gewisse Form des Maximalschutzes handeln dürfte, ergibt sich insbesondere daraus, daß es den Verbandsländern nicht offensteht, die Legitimationsvermutung des Art. 14bis auszuschließen[139].

Die Frage des Maximalschutzes hat sich demgegenüber beim Welturheberrechtsabkommen bislang nicht gestellt. Dem besonderen Recht dieses Abkommens fehlt es an der für diesen Sachverhalt kennzeichnenden Begrenzung der Rechte der geschützten Urheber.

c. Die Berücksichtigung des Rechts des Ursprungslandes (materielle Reziprozität)

Für den Fall, daß ein Verbandsland mit seinem innerstaatlichen Urheberrechtsschutz gegenüber dem im Schutzland vorgesehenen Schutz zurückbleibt, enthält sowohl die Berner Übereinkunft als auch das Welturheberrechtsabkommen in bestimmten Ausnahmefällen Durchbrechungen des Inländerbehandlungsgrundsatzes bzw. der ergänzenden Mindestschutzrege-

---

[137] Vgl. *Oekonomidis,* S. 63 ff.; *ders.* in UFITA Bd. 57 (1970) S. 179 ff.

[138] Vervielfältigung, Verbreitung, öffentliche Vorführung, Drahtfunksendung, Rundfunksendung, öffentliche Wiedergabe, Versehen mit Untertiteln und Textsynchronisierung.

[139] Vgl. hierzu ausführlich *Ulmer* in: Stockholmer Konferenz 1967, S. 20 ff.

lungen, indem eine Berücksichtigung des im Ursprungsland des Werkes vorgesehenen Schutzes zulässig ist[140].

Wichtigster Anwendungsfall dieser vielfach als materielle Reziprozität bezeichneten Regelung[141] ist der in beiden Konventionen vorgesehene Vergleich der Schutzfristen. So ist etwa nach Art. 7 RBÜ (Stockholm-Pariser Fassung) auch hinsichtlich der Schutzfristregelung, vorbehaltlich der in der Konvention festgelegten Mindestfrist, grundsätzlich von dem Gesetz des Schutzlandes auszugehen.

Art. 7 Abs. 8 bestimmt jedoch, daß die dem Verbandsurheber im Schutzland zustehende Schutzfrist, sofern die Rechtsvorschriften dieses Landes nichts anderes vorsehen, nicht die im Ursprungsland des Werkes festgesetzte Dauer überschreitet[142]. Die Geltendmachung einer über die im Ursprungsland vorgesehenen Schutzfrist hinausgehende Schutzdauer auf Grund des Inländerbehandlungsgrundsatzes ist somit ausgeschlossen, sofern die Verbandsländer keine anderweitigen Regelungen treffen[143].

Bemühungen, auch in der Frage der Schutzfrist die Inländerbehandlung zur Regel zu erheben, waren für den Bereich der Berner Übereinkunft bislang nicht erfolgreich[144].

Das Welturheberrechtsabkommen (Pariser Fassung) sieht den die Inländerbehandlung begrenzenden Schutzfristvergleich in Art. IV Abs. 4 vor. Danach ist kein Vertragsstaat verpflichtet, einem geschützten Werk einen längeren Schutz zu gewähren, als er im Heimatland des Werkes festgelegt ist[145].

Abgesehen vom Schutzfristvergleich lassen sich in der Berner Übereinkunft (Stockholm-Pariser Fassung) in Art. 2 Abs. 7 bezüglich des Schutzes der Werke der angewandten Kunst und in Art. 8 in Verbindung mit Art. 30 Abs. 2b beim Schutz des Übersetzungsrechts weitere Einschränkungen der Inländerbehandlung durch Berücksichtigung des Rechts des Ursprungslandes feststellen.

Hinsichtlich der seit der Brüsseler Revision in die Konventionsregelung aufgenommenen Werke der angewandten Kunst enthält Art. 2 Abs. 7 RBÜ

---

140 Vgl. zum Ausnahmecharakter dieser Regelung etwa Art. 5 Abs. 2 RBÜ (Stockholm-Pariser Fassung).

141 Vgl. *Bappert/Wagner*, Internationales Urheberrecht, S. 91, 230; *Bergström* in GRUR Int. 1973, 242, spricht in diesem Zusammenhang von einem „Prinzip der materiellen Gegenseitigkeit".

142 Art. 7 Abs. 8 RBÜ (Stockholm-Pariser Fassung) erfuhr auf der Stockholmer Konferenz eine Neufassung, durch die deutlich gemacht wurde, daß es sich bei der Regelung des Schutzfristvergleichs nicht, wie teilweise auf Grund des Art. 7 Abs. 2 (Brüsseler Fassung) angenommen, um eine zwingende Regelung handelt.

143 Vgl. *Ulmer*, Urheber- und Verlagsrecht, S. 79.

144 Vgl. den Hinweis bei *Reimer* in: Stockholmer Konferenz 1967, S. 6.

145 Vgl. *Ulmer*, Urheber- und Verlagsrecht, S. 88; vgl. zur Frage der Anwendbarkeit des Schutzfristvergleichs in der BRD die grundlegende Untersuchung *Ulmers*, Der Vergleich der Schutzfristen im Welturheberrechtsabkommen in GRUR Int. 1960, 57 ff.

(Stockholm-Pariser Fassung) eine materielle Reziprozitätsregelung, die von der im übrigen als konventionelles Mindestrecht ausgestalteten Festlegung des geschützten Werkkatalogs abweicht.
Obwohl die Werke der angewandten Kunst in der Aufzählung der geschützten Werke des Art. 2 Abs. 1 RBÜ (Stockholm-Pariser Fassung) enthalten sind, bleibt es nach Art. 2 Abs. 7 Satz 1 RBÜ (Stockholm-Pariser Fassung) den „Gesetzgebungen der Verbandsländer vorbehalten, den Anwendungsbereich der Gesetze, welche die Werke der angewandten Künste und die gewerblichen Muster und Modelle betreffen, sowie die Voraussetzungen des Schutzes dieser Werke, Muster und Modelle, festzulegen"[146].
Die Möglichkeit der Berücksichtigung des Rechts des Ursprungslandes ist sodann in Art. 2 Abs. 7 Satz 2 für diejenigen Werke vorgesehen, die im Ursprungsland nur als Muster und Modelle geschützt werden. Nach dem Konventionsrecht kann für derartige Werke im Schutzland ebenfalls nur der Mustern und Modellen gewährte Schutz beansprucht werden[147].
Es hat nicht an Versuchen gefehlt, diese als mit dem Geist der Berner Übereinkunft nicht harmonierend angesehene Regelung der materiellen Reziprozität durch eine volle Gleichstellung der Werke der angewandten Kunst mit den übrigen geschützten Werken zu beseitigen[148]. Fortschritte in dieser Richtung konnten jedoch bislang auf Grund der zur Frage des Schutzes von Werken angewandter Kunst uneinheitlichen Haltung der Rechtsordnungen der Verbandsstaaten nicht erzielt werden.
Die Stockholmer Revision der Berner Übereinkunft hat darüber hinaus im Rahmen der Reform des Übersetzungsrechts in Art. 8 in Verbindung mit Art. 31 RBÜ die Einführung eines weiteren Falles materieller Reziprozität in den Konventionsschutz zur Folge. Diese steht im Zusammenhang mit der Regelung der Einschränkungen des in Art. 8 RBÜ (Stockholm-Pariser Fassung) seit der Berliner Konferenz als materielles Konventionsrecht gewährten Übersetzungsrechts. Während der Übersetzungsschutz auch nach der Stockholmer Revision im Grundsatz unangetastet blieb, wurden die Vorbehaltsmöglichkeiten zwar belassen, jedoch zum Ausgleich in Art. 30 Abs. 2 Ziff. b Satz 2 RBÜ (Stockholm-Pariser Fassung) eine neue Bestimmung aufgenommen, die es den Verbandsländern erlaubt, bei der Gewährung des Übersetzungsschutzes

---

[146] Vgl. ausführlich zu den Ursachen dieser abweichenden Regelung *Reimer* in: Stockholmer Konferenz 1967, S. 5 ff.
[147] Gegenüber der Brüsseler Fassung konnte jedoch eine Verbesserung insoweit erzielt werden, als Art. 2 Abs. 7 Satz 2 a. E. die ergänzende Bestimmung enthält, daß sofern im Schutzland ein Muster- oder Modellschutz nicht besteht, derartige dem Regime der materiellen Reziprozität unterworfenen Werke der angewandten Kunst Urheberschutz in Anspruch nehmen können. Diese Regelung hat, wie *Ulmer* darlegt, insbesondere praktische Auswirkungen im Verhältnis Schweden-Großbritannien; vgl. *Reimer*, ibid., S. 6.
[148] Vgl. *Reimer*, ibid., S. 7 mit Hinweisen auf die diesbezüglichen Bemühungen auf der Stockholmer Konferenz.

für Werke, deren Ursprungsland auf Grund entsprechender Vorbehalte[149] in vergleichbaren Fällen nur einen eingeschränkten Schutz gewährt, „den Schutz anzuwenden, der dem vom Ursprungsland gewährten Schutz entspricht"[150].

d. Die Sonderregelung des Folgerechts in der RBÜ

Seit der Brüsseler Revisionskonferenz (1948) enthält der Konventionstext der Berner Übereinkunft in Art. 14bis (Art. 14ter der Stockholm-Pariser Fassung) für das Folgerecht (Droit de Suite) eine vom Grundsatz der Inländerbehandlung abweichende Sonderregelung[151]. Wie in anderem Zusammenhang noch zu zeigen ist[152], stellt diese Regelung zunächst klar, daß das Folgerecht jedenfalls im Sinne der Brüsseler sowie der späteren Fassungen der Berner Übereinkunft seinem Wesen nach zu den unter den Konventionsschutz und damit die Inländerbehandlung fallenden urheberrechtlichen Befugnissen gehört[153].

Dennoch enthält gerade die konventionelle Regel des Folgerechts eine bedeutsame Einschränkung des Grundsatzes der Inländerbehandlung, indem die Verpflichtung zur Schutzgewährung auf die Fälle begrenzt ist, in denen auch das Heimatland des schutzsuchenden Urhebers „diesen Schutz zugesteht".

Diese materielle Reziprozitätsregelung hat zu diversen Zweifelsfragen geführt[154], wobei insbesondere die Frage nach der Art der in Art. 14bis RBÜ verwirklichten Gegenseitigkeit von besonderem Interesse ist.

---

[149] Art. 40 Abs. 2 Ziff. b RBÜ (Stockholm-Pariser Fassung) enthält die Möglichkeit, nach der Nicht-Verbandsstaaten bei ihrem Beitritt den Vorbehalt erklären können, daß sie, jedenfalls zeitweise, den das Übersetzungsrecht regelnden Art. 8 RBÜ durch den Art. 5 der 1896 in Paris revidierten Fassung ersetzt sehen wollen.

[150] Vgl. *Ulmer* in: Stockholmer Konferenz 1967, S. 14, 29.

[151] Art. 14 bis RBÜ (Brüsseler Fassung) hat folgenden Wortlaut:
„1. In Bezug auf die Originale von Werken der bildenden Künste und die Originalhandschriften der Schriftsteller und Komponisten genießt der Urheber oder nach seinem Tode die von der Landesgesetzgebung dazu berufenen Personen oder Institutionen ein unveräußerliches Recht auf Beteiligung an den Verkaufsgeschäften, deren Gegenstand das Werk nach der ersten Veräußerung durch den Urheber bildet.
2. Der im vorhergehenden Absatz vorgesehene Schutz kann in jedem Verbandsland nur beansprucht werden, sofern die Heimatgesetzgebung des Urhebers diesen Schutz zugesteht und, soweit es die Gesetzgebung des Landes zuläßt, wo dieser Schutz beansprucht wird.
3. Das Verfahren und das Ausmaß der Beteiligung werden von der Gesetzgebung der einzelnen Länder bestimmt."

[152] Vgl. unten S. 143 ff.

[153] Vgl. *Ulmer* in RabelsZ 37 (1973), 503; *ders.* in: Festschrift für Desbois, S. 93; *ders.* in GRUR [1]1974, 595 f.; *Walter* in ZfRV 1973, 110 ff., 115.

[154] Vgl. *Walter*, ibid., 112 ff.

Genügt es etwa für die Möglichkeit der Inanspruchnahme des Droit de Suite in einem Verbandsland, daß das Folgerecht im Heimatland des Urhebers „im Prinzip" anerkannt ist[155], oder ist diese so zu verstehen, daß das Folgerecht nur in dem Ausmaß zu gewähren ist, in dem es die Heimatgesetzgebung des Urhebers gewährt[156]?

Die diesbezüglichen Untersuchungen von *Ulmer*[157] haben jedoch gezeigt, daß in Art. 14bis RBÜ (Brüsseler Fassung) weder das Konzept der zuerst genannten Form der prinzipiellen Anerkennung noch echte materielle Reziprozität, im Sinne einer völligen Gleichwertigkeit des sich gegenüberstehenden Schutzes, verwirklicht ist. Das Folgerecht vielmehr dann im Rahmen der Inländerbehandlung zu gewähren ist, wenn im Heimatland des verbandsgeschützten Urhebers ein wie auch immer gestalteter, jedoch wirksamer Schutz gewährt wird und die Gegenseitigkeit gewährleistet ist.

Nur eine solche Deutung wird sowohl dem der Regelung des Folgerechts in der RBÜ zugrunde liegenden Reziprozitätsvorstellung als auch den vielfältigen nationalen Ausformungen in den einzelnen Verbandsländern gerecht.

Diese Auslegung findet ihre Bestätigung in den einschlägigen fremdenrechtlichen Regelungen einer Reihe von Verbandsländern, die wie etwa die französische, belgische und deutsche Gesetzgebung die Gewährung des Folgerechts vom Bestehen echter Reziprozität abhängig machen[158].

Die Verpflichtung zur Inländerbehandlung ist daher im Zusammenhang mit dem Folgerecht nur dann als bestehende anzusehen, wenn materielle Reziprozität gewährleistet ist[159].

---

[155] So etwa *de Sanctis*, S. 148; *Troller* in GRUR 1950, 281; ders., Das internationale Privat- und Zivilprozeßrecht, S. 158; *Walter* in ZfRV 1973, 110 ff.

[156] Vgl. *Desbois*, S. 83.

[157] Vgl. oben Fußn. 50, insbesondere GRUR 1974, 600 f.

[158] Vgl. *Ulmer* in: Festschrift für *Desbois*, S. 99; *ders.* in GRUR 1974, 600.

[159] Vgl. auch *Troller*, Die mehrseitigen völkerrechtlichen Verträge, S. 128 Anm. 200.

Fünftes Kapitel: Einzelprobleme der Inländerbehandlung

§ 14. Fragen des Umfangs der Verweisung

Wie bereits dargestellt[160], basiert der auf der Grundlage der Inländerbehandlung gewährte Schutz der Konventionen sowohl hinsichtlich der Schutzvoraussetzungen als auch der Art und des Umfangs der gewährten Rechte grundsätzlich auf dem Recht des Schutzlandes. Das Recht des Landes, wo der Schutz im Einzelfall in Anspruch genommen wird, bestimmt somit den konkreten Schutz, den der konventionsgeschützte Urheber geltend zu machen berechtigt ist.

Diese Verweisung findet ihre Grenzen jedoch einmal dort, wo die Konventionen eigene zwingende materielle Bestimmungen vorsehen[161], zum anderen dort, wo es sich um vom Schutzland vorgesehene Regelungen handelt, deren urheberrechtliche Qualifizierung im Sinne der Konventionen nicht gesichert ist[162].

Während der zuerst genannte Bereich im Rahmen der Darstellung der materiellen Konventionsrechte bereits behandelt wurde, sind zum zweiten Bereich eine Reihe aktueller Probleme sowohl bezüglich des konventionellen Schutzgegenstandes als auch der den geschützten Urhebern zustehenden Befugnisse zu beleuchten.

a. Die Regelung des Schutzgegenstandes

Die Frage des Umfangs der Verweisung der Inländerbehandlung bezüglich des Schutzgegenstandes ist für die Berner Übereinkunft insbesondere im Zusammenhang mit der Festlegung der konventionsgeschützten Werke untersucht worden[163].

Anlaß hierzu gab ein Urteil des Schweizer Bundesgerichts[164] über die Rechte an Schallplatten.

Nach schweizerischer Rechtsauffassung[165] stand die Übertragung von Werken der Literatur und der Tonkunst auf Tonträger, sofern sie durch einen persönlichen Vortrag erfolgte, in Anlehnung an die deutsche Urheberrechtsnovelle von 1910 einer Bearbeitung des Werkes gleich. Dem Schweizer

---

[160] Vgl. oben S. 112 f.

[161] Vgl. oben S. 118 f.

[162] Vgl. *Ulmer* in RabelsZ 37 (1973), 508.

[163] Vgl. *Ostertag* in DdA 1940, 41 ff.

[164] BG vom 7. Juli 1963, BGE 62 II, 243, 253.

[165] Art. 4 Abs. 2 des Bundesgesetzes betreffend das Urheberrecht an Werken der Literatur und Kunst vom 7. Dez. 1922.

Bundesgericht stellte sich die Frage, ob dieses Bearbeitungsurheberrecht auch von konventionsgeschützten Urhebern auf Grund der Inländerbehandlung beansprucht werden konnte. Das Gericht bejahte diese Frage mit der Begründung:

„Jedes aus einem Verbandsland stammende Werk ist in der Schweiz geschützt, sofern es nach den im Schweizer Recht aufgestellten Grundsätzen den Charakter eines geschützten Werkes hat; für den Inhalt des Begriffs des schutzfähigen Werkes im Sinne der RBÜ ist das Landesrecht maßgebend."

Dieser Auffassung ist *Ostertag* mit der Begründung entgegengetreten, daß der Werkbegriff der Berner Übereinkunft durch die Regeln der Konvention bestimmt werde, wie sie in Art. 2 RBÜ enthalten sind, diese zählten die Schallplatten jedoch nicht zu den geschützten Werken[166].
Die Verweisung der Inländerbehandlung findet somit da ihre Grenze, wo sich die Regelung des Schutzgegenstandes in den Konventionen von der des Schutzlandes unterscheidet.
Ist der Kreis der geschützten Werke im Schutzland enger gezogen als der der Konvention, weicht die Inländerbehandlung dem Regime der Mindestrechte[167], während im umgekehrten Fall die Konvention selbst die Grenze der Verweisung bestimmt.
Dies gilt unabhängig davon, ob der Werkbegriff wie etwa in der Berner Übereinkunft, eine ausdrückliche Regelung gefunden hat, oder, wie im Fall

---

166 Wiewohl *Ostertag* sowohl im Ansatz als auch im Ergebnis zuzustimmen ist, überzeugt seine Begründung insoweit nicht, als er den Schallplatten wegen der fehlenden Aufzählung im Beispielkatalog der geschützten Werke des Art. 2 RBÜ die Anerkennung als geschützte Werke versagt. Richtiger wäre, anhand der konventionellen Grundsätze zum Werkbegriff das Vorliegen des konventionellen Werkcharakters festzustellen. Daß Schallplatten nicht zu den konventionsgeschützten Werken gehören, ist heute unstreitig. In internationaler Sicht sind die Rechte an Schallplatten nicht zu den Urheberrechten, sondern zu den angrenzenden Rechten (droit voisin) zu rechnen, für die die Regeln der Rom-Konvention über den Schutz der ausübenden Künstler, der Hersteller von Tonträgern und der Sendeunternehmen (von 1961) sowie des Übereinkommens zum Schutze der Hersteller von Tonträgern gegen die unerlaubte Vervielfältigung ihrer Tonträger (von 1971) gelten.

167 So etwa im Falle der Fotografien. Im Sinne der RBÜ (Brüsseler Fassung) und des WUA sind die Fotografien, soweit sie schutzfähig sind, als Werke und dementsprechend die Rechte an Fotografien als Urheberrechte anzusehen. In einzelnen Vertragsstaaten werden aber die Rechte an Fotografien zu den verwandten Schutzrechten gezählt.
Dies gilt uneingeschränkt für Italien. Im deutschen und österreichischen Urheberrecht wird zwischen den Lichtbildwerken, an denen ein Urheberrecht besteht und sonstigen Lichtbildern unterschieden, die Gegenstand eines verwandten Schutzrechts sind. Im Sinne der Konventionen sind aber die Rechte an Lichtbildern auch dann als Urheberrechte an geschützten Werken anzusehen, mit der Folge, daß Inländerbehandlung zu gewähren ist, wenn sie nach dem System des Schutzlandes zu den verwandten Schutzrechten gezählt werden. Vgl. dazu *Ulmer* in RabelsZ 37 (1973), 510.

des Welturheberrechtsabkommens, anstelle einer Legaldefinition eine bloße Schutzverpflichtung vorgesehen ist[168].

Ein Sonderfall ist jedoch im Zusammenhang mit dem Schutz der Werke der Baukunst nach dem Welturheberrechtsabkommen gegeben.

Wiewohl die Aufzählung der Werke, zu deren Schutz die Vertragsstaaten in Art. I WUA sich verpflichten, im Hinblick auf die amerikanische Rechtslage[169] die Werke der Baukunst nicht nennt, besteht kein Zweifel, daß im Hinblick auf die Haltung einer Vielzahl der Mitgliedsländer davon ausgegangen werden muß, daß der der Inländerbehandlung gemäß Art. II WUA zugrunde liegende Werkbegriff, anders als der Werkbegriff des Art. I WUA, auch die Werke der Baukunst mit umschließt[170].

Nach den vorgenannten Grundsätzen beantwortet sich auch die bisher noch wenig beachtete Frage, ob die in den Urheberrechtsgesetzen einiger Verbandsstaaten sowohl der Berner Übereinkunft als auch des Welturheberrechtsabkommens vorgesehenen Bestimmungen zum Schutze der Folklore auf Grund der Inländerbehandlung auch von ausländischen Berechtigten in Anspruch genommen werden können[171]. Bezüglich des in den Gesetzen einiger Verbandsländer vorgesehenen Schutzes der Folklore ist zu unterscheiden:

Folklore als Stil genießt in gleicher Weise keinen urheberrechtlichen Schutz, wie dies auch sonst für Stilrichtungen gilt. Soweit jedoch einzelne, im Stil der Folklore gehaltene Werke schöpferische Eigenart aufweisen, sind sie dem urheberrechtlichen Schutz zugänglich. Insoweit muß der Schutz nach dem Grundsatz der Inländerbehandlung auch ausländischen Urhebern offenstehen, da bezüglich solcher Werke keine grundsätzlichen Abweichungen gegenüber dem allgemeinen Werkbegriff der Konventionen vorliegen.

Daran ändert auch nichts, daß Werke der Folklore in den Konventionen nicht ausdrücklich erwähnt sind, da sich solche Werke, jedenfalls auch in die in den Konventionen aufgezählten Werkkategorien (Werke der Literatur, bildenden Kunst etc.) einordnen lassen[172].

---

[168] Vgl. *Ulmer* in RabelsZ 37 (1973), 510.

[169] Das amerikanische Recht schützt zwar die Konstruktionszeichnungen, nicht aber die Bauwerke als solche urheberrechtlich. Eine Verpflichtung zum Schutz der Bauwerke konnte daher in das WUA nicht aufgenommen werden.

[170] Vgl. *Ulmer* in RabelsZ 37 (1973), 510, der darauf hinweist, daß dieser gespaltene Werkbegriff nicht jedoch für den Fall der Schallplatten gilt, für die das frühere deutsche Recht sowie das Schweizer Recht das bereits erwähnte Bearbeiterurheberrecht gewähren, während etwa das Urheberrecht Großbritanniens, der USA sowie einer Reihe weiterer Verbandsstaaten sogar ein Copyright vorgesehen haben.

[171] Vgl. dazu das Urhebergesetz Tunesiens, No. 66-12, vom 14. Febr. 1966 (abgedruckt in DdA 1967, 23 ff.), Marokkos, No. 1-69-135, vom 29. Juli 1970 (abgedruckt in RIDA 1971, 205 ff.); vgl. auch Preliminary Draft of a Model Law on Copyright for Developing Countries in Africa, Copyright Bull. Vol. VIII, No. 2/3, 1973, S. 6 ff.

[172] Vgl. zu den Bemühungen einiger Entwicklungsländer auf der Stockholmer Revisionskonferenz folkloristische Werke in den Werkkatalog des Art. 2 Abs. 4 RBÜ (Stock-

b. Die Regelung der Befugnisse der geschützten Urheber

Die im Zusammenhang mit der Festlegung des Schutzgegenstandes geltenden Regeln finden auch für die Frage, ob die vom Schutzland anerkannten Rechte als urheberrechtliche Befugnisse anzusehen sind und den konventionsgeschützten Urhebern auf Grund der Inländerbehandlung zu gewähren sind, sinngemäße Anwendung.
Es ist jedoch zu berücksichtigen, daß der den nationalen Rechtsordnungen überlassene Regelungsrahmen der den der Werkbestimmung wesentlich übersteigt, grundsätzlich alle dem Urheber im Zusammenhang mit der Werkschöpfung zugebilligten Befugnisse erfassen kann.
Im einzelnen können jedoch bei der Qualifikation, wie *Ulmer* nachgewiesen hat[173], insbesondere zwei Gesichtspunkte von Bedeutung sein.
Einmal, ob die inhaltliche Ausgestaltung[174] der fraglichen Befugnis urheberrechtliche Merkmale aufweist, zum anderen, ob diese zum Zeitpunkt der Schaffung der maßgebenden Konvention bzw. ihrer jeweiligen Fassung von den Verbandsstaaten als ein dem konventionsgeschützten Urheber zustehendes Recht anerkannt war.
Abgesehen von den noch zu behandelnden Fällen des Folgerechts[175] sowie der Bibliothekstantieme[176], stellt sich die Frage der urheberrechtlichen Qualifikation von Befugnissen insbesondere im Zusammenhang mit der sog. Urhebernachfolgevergütung *(domaine public payant)*, die in einigen Vertragsländern des Berner Verbandes bzw. des Welturheberrechtsabkommens vorgesehen ist[177] und auch im Rahmen der Revision des deutschen Urheberrechts wiederholt erörtert wurde[178].
Grundgedanke der Urhebernachfolgevergütung ist, daß die Verwertung gemeinfreier Werke mit der Verpflichtung zur Zahlung einer Abgabe zugunsten eines Urheberfonds verknüpft wird, aus dem zeitgenössischen inländischen Urhebern sowie bedürftigen Hinterbliebenen von Urhebern Unterstützungen zuteil werden sollen.
Nachdem die Zahlungsverpflichtung einerseits jedoch nicht zwischen der Verwertung einheimischer und fremder Werke unterscheidet, andererseits die

---

holm-Pariser Fassung) aufgenommene Bestimmung über die Vertretungsbefugnis von Folkloreurhebern, ausführlich *Reimer,* Stockholmer Konferenz 1967, S. 25.

173 Vgl. *Ulmer* in RabelsZ 37 (1973), 511.

174 Ohne Bedeutung bleibt jedoch, wie bereits dargelegt (vgl. oben S. 112 f.), die terminologische oder systematische Einordnung.

175 Vgl. unten S. 143 ff.

176 Vgl. unten S. 143 ff.

177 Regelungen der Urhebernachfolgevergütung finden sich in den Rechtsordnungen folgender Länder: Argentinien, Belgien, Bulgarien, Chile, Frankreich, Italien, Jugoslawien, Mexiko, Tschechoslowakei, Ungarn, Uruguay; vgl. hierzu *Schulze,* Kulturabgabe und Kulturfonds, S. 44 ff.

178 Vgl. *Delp,* S. 1 ff.; *Hubmann* in GRUR 1958, 527 ff.; *Mediger* in GRUR 1959, 269 ff.; *Schulze,* Kulturabgabe und Kulturfonds, S. 44 ff.; *Dietz* in GRUR 1972, 11 ff.

bestehenden und vorgesehenen Fonds eine Unterstützung von fremden Urhebern nicht vorsehen, ist wiederholt die Frage aufgeworfen worden, ob eine Berücksichtigung konventionsgeschützter Urheber bei der Verteilung der den Urheberfonds zufließenden Mittel nicht auf Grund der Inländerbehandlung geboten ist[179].
Voraussetzung hierfür wäre, daß es sich bei der Urhebernachfolgevergütung um eine urheberrechtliche Befugnis im Sinne der Konventionen handelt[180].
Während dies für den Konventionsbereich in der Literatur vereinzelt bejaht worden ist[181], scheinen unter Berücksichtigung der vorgenannten Qualifikationskriterien die überzeugenderen Gründe für die gegenteilige Auffassung zu sprechen.
Bedenken gegen eine Qualifikation als urheberrechtliche Befugnis im Sinne der Konvention ergeben sich bereits im Hinblick auf die ausschließliche Anknüpfung an bereits gemeinfreie Werke; darüber hinaus aus der inhaltlichen Gestaltung der Urhebernachfolgevergütung in den jeweiligen Rechtsordnungen.
So sind in erster Linie Begünstigte nicht die einzelnen Urheber der Werke, deren Verwertung abgabepflichtig ist, sondern teils die jeweilige nationale Gemeinschaft der Urheber, teils nationale Einrichtungen zur Förderung künstlerischer und literarischer Tätigkeit.
Die für die Konventionen kennzeichnende Einzelbefugnis des Urhebers im Hinblick auf sein Werk ist dagegen regelmäßig zu vermissen.
Die Verteilung der Erlöse erfolgt durch die befaßten Fonds nicht nach urheberrechtlichen, sondern sozialen Gesichtspunkten.
Daß überwiegend sozialrechtliche Regelungen zugunsten bedürftiger Urheber bzw. zur Kulturförderung nicht Gegenstand des Konventionsschutzes sind, erscheint gesichert.
Auf der Brüsseler Revisionskonferenz der Berner Übereinkunft von 1948, auf der die Frage der Einführung der Urhebernachfolgevergütung ausführlich erörtert wurde, kam es lediglich zu dem Beschluß, daß „die Möglichkeit der Verwirklichung des domaine public payant erwogen werde“[182]. Von einer

---

179 Vgl. *Mentha* in: Schulze, ibid., S. 39 ff.; Börsenverein, Stellungnahme, S. 52 bis 56; Max-Planck-Institut für ausländisches und internationales Patent-, Urheber- und Wettbewerbsrecht, Legal Study, S. 54.

180 Die Qualifikationsfrage ist ausführlich im Rahmen der Diskussion um ihre Einführung im Rahmen der deutschen Urheberrechtsnovelle erörtert worden. Ihre urheberrechtliche Natur wurde dabei vereinzelt im Hinblick auf das Fehlen der für das Urheberrecht kennzeichnenden Verbindung zwischen dem Urheber und seinem Werk bezweifelt (vgl. Stellungnahme des Bundesrats zum Regierungsentwurf des Urhebergesetzes, zitiert nach *Dietz*, GRUR 1972, 14), letztendlich wegen der für den urheberrechtlichen Charakter maßgebenden Regelung der Benutzung von Geisteswerken überwiegend bejaht (vgl. *Dietz* mit ausführlichen Nachweisen, ibid., 14 f.).

181 Vgl. Börsenverein, Stellungnahme. S. 55 f.; Max-Planck-Institut für ausländisches und internationales Patent-, Urheber- und Wettbewerbsrecht, Legal Study, S. 54.

182 Vgl. DdA 1948, 117 f.

mehrheitlichen Anerkennung als konventionsumfaßte Befugnis kann daher nicht gesprochen werden.
Dem entspricht auch die Haltung derjenigen Konventionsstaaten, die die Urheberrechtsnachfolgevergütung bereits vorsehen.
Eine Verteilung der Erlöse an konventionsgeschützte fremde Urheber ist nicht festzustellen[183].
Insgesamt kann somit davon ausgegangen werden, daß das domaine public payant mangels Zugehörigkeit zu den konventionellen Urheberrechtsbefugnissen nicht zu den auf Grund der Inländerbehandlung konventionsgeschützten Urhebern zu gewährenden Vorteilen gehört[184].

§ 15. Möglichkeiten der Einbeziehung neuer technischer Verwertungsmöglichkeiten und Verwertungsrechte

a. Die Einbeziehung neuer technischer Verwertungsmöglichkeiten

Die Fassung des Inländerbehandlungsgrundsatzes in der Berner Übereinkunft und im Welturheberrechtsabkommen begnügt sich nicht mit der Festschreibung eines statischen Urheberrechtsschutzes, sondern erlaubt unter der Voraussetzung, daß es sich um urheberrechtliche Befugnisse im Sinne der Konventionen handelt, eine Einbeziehung auch derjenigen neuen technischen Verwertungsmöglichkeiten sowie Verwertungsrechte, die in einem Verbandsland erst Anerkennung gefunden haben, nachdem die Konvention für das betreffende Land in Kraft getreten ist[185].
Für die Berner Übereinkunft folgt dies aus Art. 5 Abs. 1 (Stockholm-Pariser Fassung), wonach die Urheber verbandseigener Werke in allen Verbandsländern die gleichen Rechte genießen, „welche die einschlägigen Gesetze den inländischen Urhebern gegenwärtig einräumen oder in Zukunft einräumen werden".
Die sinngemäße Bestimmung ist im Welturheberrechtsabkommen in Art. II Abs. 1 enthalten, auf Grund deren die konventionsgeschützten Urheber in den vertragsschließenden Staaten den „gleichen Schutz" wie die Werke der Angehörigen des betreffenden Staates genießen.
Im Rahmen der Berner Übereinkunft hat die Frage der Einbeziehung neuer technischer Verwertungsmöglichkeiten in den Konventionsschutz insbesondere im Zusammenhang mit der Entwicklung der Möglichkeit der mecha-

---

[183] Vgl. *Schulze*, Kulturabgabe und Kulturfonds, S. 38 ff.; *Jannsen* in UFITA Bd. 22 (1956) S. 324 ff., 325.
[184] Vgl. auch *Mentha* in: Schulze, ibid., S. 39 ff.
[185] Vgl. *Ulmer* in RabelsZ 37 (1973), 507 f.

nisch-musikalischen Wiedergabe sowie der Ausstrahlung urheberrechtlich geschützter Werke mittels Sendung Bedeutung erlangt[186].
Während grundsätzlich kein Zweifel darüber bestand, daß neue technische Verwertungsmöglichkeiten bezüglich ihrer urheberrechtlichen Folgen auf Grund des Inländerbehandlungsgrundsatzes auch konventionsgeschützten Urhebern zugute kommen müssen[187], hat es etwa bezüglich der neuen mechanisch-musikalischen Wiedergabe nicht an Versuchen gefehlt, diese weitgehende Erstreckung teils zum Schutze der eigenen Industrien, teils um dem Stand der eigenen Rechtsentwicklung Rechnung zu tragen, einzuschränken. So ließ sich etwa bezüglich des Schutzes von Tonwerken gegen deren mechanisch-musikalische Wiedergabe erst auf der Berliner Konferenz im Wege der konventionellen Regelung eine Schutzerstreckung auch für konventionsgeschützte Urheber durchsetzen, da der Inländerbehandlung bis dahin eine im Schlußprotokoll der ursprünglichen Fassung enthaltene Maximalschutzregelung entgegenstand[188].
Demgegenüber hat die Schaffung der Möglichkeit der rundfunkmäßigen Wiedergabe urheberrechtlich geschützter Werke keine im Widerspruch zu dem Schutzprinzip der Konvention stehende Regelung des Schutzes von Verbandsurhebern gebracht.
Eine unterschiedliche Schutzgewährung bis zum Zeitpunkt der Anerkennung als jus conventionis anläßlich der Rom-Konferenz (1928) läßt sich nur im Hinblick auf die Abweichungen der jeweiligen nationalen Rechtsordnungen feststellen[189].
Bezüglich der modernen Erweiterung der technischen Verwertungsmöglichkeiten von urheberrechtlich geschützten Werken mittels Fotokopierautomaten, Satellitensendungen, audiovisueller Speicherung und Wiedergabe läßt sich in gleicher Weise die den Grundsatz der Inländerbehandlung kennzeich-

---

[186] Vgl. *Röthlisberger*, Berner Übereinkunft, S. 240 ff.; *ders.*, Die Revision, S. 10 f.; *Wauvermans*, S. 124 ff.; *Hoffmann*, Berner Übereinkunft, S. 169 ff., 196 f.

[187] Vgl. *Röthlisberger*, ibid., S. 99; *Goldbaum*, Berner Übereinkunft, S. 40; *Bappert/Wagner*, Internationales Urheberrecht, S. 78.

[188] Ziff. 3 des Schlußprotokolls zur Berner Übereinkunft lautet wie folgt:
„Es besteht Einverständnis darüber, daß die Fabrikation und der Verkauf von Instrumenten, welche zur mechanischen Wiedergabe von Musikstücken dienen, die aus geschützten Werken entnommen sind, nicht als den Tatbestand der musikalischen Nachbildung darstellend angesehen werden." Vgl. dazu ausführlich *Hoffmann*, Berner Übereinkunft, S. 196 ff.

[189] Vgl. *Hoffmann*, Berner Übereinkunft, S. 173 f., der darauf hinweist, daß in den Ländern, deren Urheberrechtsgesetzgebung die Anerkennung eines umfassenden „Droit d'Auteur" vorsah, auf Grund dessen dem Urheber jegliche Verwertungsmöglichkeit seines Werkes von Gesetzes wegen zugewiesen wird, der Schutz gegen die rundfunkmäßige Wiedergabe problemlos war, in Ländern dagegen, die eine derartige weitgefaßte Anerkennung des Urheberrechts nicht vorsahen, die Frage des Schutzes vor Einführung der konventionellen Mindestregelung von Fall zu Fall entsprechend der Auslegung des Rechts des Schutzlandes beantwortet werden mußte.

nende Aufgeschlossenheit gegenüber dem technischen Fortschritt feststellen.
Es besteht kein Zweifel, daß derartige Verwertungsmöglichkeiten, soweit sie nicht ohnehin unter die einschlägigen materiellen Konventionsrechte zu subsumieren sind, im Rahmen der auf Grund der Inländerbehandlung maßgeblichen Rechtsordnung des Schutzlandes auf ihre urheberrechtliche Relevanz zu prüfen sind.
Die Frage, ob im Einzelfall eine als urheberrechtlich zu qualifizierende Lösung gewählt wurde, die vom konventionsgeschützten Urheber beansprucht werden kann, ist von der in diesem Zusammenhang zu treffenden Feststellung, wonach die Inländerbehandlung grundsätzlich sämtliche denkbaren technischen Verwertungsmöglichkeiten erfaßt, unabhängig.

b. Die Einbeziehung neuer Verwertungsrechte

Was für die technischen Verwertungsmöglichkeiten gilt, gilt nach dem bereits dargestellten Grundsatz sinngemäß auch für neue Verwertungsrechte[190].
Dennoch hat gerade die Einführung neuer Verwertungsrechte seit Bestehen der Konventionen wiederholt Anlaß zu Zweifeln gegeben, wobei die hiermit verbundenen Fragen im Hinblick auf die moderne Entwicklung des Urheberrechts wieder in den Vordergrund des Interesses gerückt sind.
Exemplarisch seien hier die sich in Verbindung mit der Anerkennung des Folgerechts, der Bibliothekstantieme sowie im Fotokopierbereich ergebenden Probleme dargestellt.

aa. Die Einbeziehung des Folgerechts (Droit de Suite)

Die erstmalige Anerkennung des Folgerechts in der Bundesrepublik Deutschland im Urheberrechtsgesetz vom 3. September 1965 sowie sein Ausbau im Rahmen der Urheberrechtsnovelle vom 10. November 1972 zusammen mit der jure conventionis-Regelung in der RBÜ seit der Brüsseler Revision (1948) haben gerade in jüngster Zeit ein verstärktes Interesse auch an den hiermit verbundenen fremdenrechtlichen und damit konventionsrechtlichen Fragen bewirkt[191].

---

[190] Vgl. oben S. 140.
[191] Vgl. *Katzenberger*, Das Folgerecht im deutschen und ausländischen Urheberrecht, urheberrechtliche Abhandlungen des Max-Planck-Instituts für ausländisches und internationales Patent-, Urheber- und Wettbewerbsrecht, Heft 10, 1970; *ders.*, Das Folgerecht in rechtsvergleichender Sicht in GRUR Int. 1973, 660 ff.; *Walter*, Das Folgerecht im Recht der Berner Übereinkunft, ZfRV 1973, 110 ff.; *Ulmer*, Das Folgerecht und seine Qualifikation im internationalen Urheberrecht in RabelsZ 37 (1973), 499 ff.; *ders.*, Das Folgerecht im internationalen Urheberrecht, GRUR 1974, 593 ff.; *ders.*, Le Droit de Suite et sa Réglementation dans la Convention de Berner, in Festschrift für Henri Desbois, Paris, 1974, S. 89 ff.

Dabei stellen sich die mit seiner Anerkennung verbundenen konventionsrechtlichen Fragen bereits seit seiner ersten Einführung durch das Gesetz vom 20. Mai 1920 in Frankreich[192]. Gegenstand des Folgerechts ist die Beteiligung des Urhebers an dem Erlös, bzw. Mehrerlös der bei Weiterveräußerung von Originalwerken, insbesondere der bildenden Kunst, erzielt wird.

Kernfrage war, ob konventionsgeschützte fremde Urheber in Ländern, die das Folgerecht eingeführt hatten, auf Grund der Inländerbehandlung die Vorteile dieser Regelung unmittelbar beanspruchen konnten oder ob darüber hinaus besondere fremdenrechtliche Bestimmungen des Schutzlandes, die regelmäßig eine materielle Gegenseitigkeit als Schutzvoraussetzung vorsahen[193], zu berücksichtigen waren.

Während bezüglich der hierzu erforderlichen Qualifikation überwiegend die Ansicht vertreten wurde, daß es sich bei dem Droit de Suite um eine urheberrechtliche Teilbefugnis, somit um einen Ausfluß des allgemeinen Urheberrechts und nicht um ein außerhalb dieses Bereichs stehendes Sonderrecht handelte[194], ist die Praxis der Verbandsstaaten dadurch geprägt, daß eine Einbeziehung in den Konventionsschutz teils aus systematischen[195], teils aus

---

[192] Zwischenzeitlich ist das Fogerecht in folgenden weiteren Ländern anerkannt worden:
Belgien (Gesetz vom 25. Juni 1921), Tschechoslowakei (Gesetz vom 24. Nov. 1926), Uruguay (Gesetz vom 17. Dez. 1937); Italien (Gesetz vom 22. April 1941), Norwegen (Gesetz vom 4. Nov. 1948), Türkei (Gesetz vom 10. Dez. 1951), Tunesien (Gesetz vom 14. Febr. 1966), Portugal (Gesetz vom 27. April 1966), Marokko (Gesetz vom 29. Juli 1970), Chile (Gesetz vom 28. Aug. 1970), Luxemburg (Gesetz vom 29. März 1972); vgl. dazu *Katzenberger*, Das Folgerecht, S. 35 ff.; *Ulmer* in RabelsZ 37 (1973), 501 f.

[193] Vgl. etwa Art. 10 des französischen Dekrets vom 17. Dez. 1920, der folgenden Wortlaut hat:
„Les artistes de nationalité étrangére, leurs heritiers et ayants-cause bénéficeront du droit de suite au même titre et dans les mêmes conditions que les artistes français si leur législation nationale fait bénéficier de ce droit les artistes français, mais seulement pendant le temps pour lequel les artistes français seront admis à exercer ce droit dans ledit pays."

[194] Vgl. *Baum* in GRUR 1949, 36; *Bappert/Wagner*, Internationales Urheberrecht, S. 149. Im Gegensatz zu den anfänglichen Deutungsversuchen, die das Folgerecht im Steuerrecht ansiedeln oder als beschränkt dingliches Recht am Werkstück, als bloßes Forderungsrecht oder als verwandtes Schutzrecht verstanden wissen wollten, kann heute die Auffassung als gefestigt angesehen werden, die das Droit de Suite als rein urheberrechtliche Befugnis deuten. Vgl. *Katzenberger*, Das Folgerecht, S. 64 ff., 71 ff.; *Walter* in ZfRV 1973, 111.

[195] Vgl. die Auffassung des Berner Büros in DdA 1926, 49 ff., 52 f., wo der in Art. 7 Abs. 2 RBÜ (Berliner Fassung) enthaltene Gedanke bei der Regelung des Schutzfristenvergleichs zur Beantwortung der Frage der Gewährung neuer Rechte herangezogen wurde.
„Sei ein Recht im Ursprungsland nicht anerkannt, so sei die Schutzfrist in diesem Land gleich Null, so daß eine Schutzgewährung ausscheide." Vgl. auch im Anschluß daran *Goldbaum*, Berner Übereinkunft, S. 40.

Interpretationsgründen[196], jedenfalls bis zur Anerkennung als materielles Konventionsrecht durch die Brüsseler Revision (1948), nicht gewährleistet war[197].
Die Frage der Vereinbarkeit dieser Handhabung der Konvention mit dem Grundgedanken der Inländerbehandlung ist insbesondere von *Ulmer*[198] und *Walter*[199] zum Gegenstand ausführlicher Untersuchungen gemacht worden. Während *Walter* den tragenden Grundsatz der Berner Übereinkunft im Hinblick auf die Formulierung „die einschlägigen Gesetze gegenwärtig gewähren oder in Zukunft gewähren werden" sowie der Regel-Ausnahmebeziehung Inländerbehandlung/Mindestrechte im weitestmöglichen Umfang, somit auch in Erfassung neuer Schutzrechtstypen, wie etwa dem Folgerecht, ohne jede Gegenseitigkeit auch für die Konventionsfassungen vor der Brüsseler Revision (1948) verstanden wissen will, vertritt *Ulmer* die Ansicht, daß die Auslegung der vor der Brüsseler Revision liegenden Konventionsfassungen eine Einbeziehung dieses Rechts unter die gemäß der Inländerbehandlung zu gewährenden „einschlägigen Gesetze" nicht erlaubt.
Obgleich zugunsten der weiten Auslegung der Inländerbehandlung sowohl konventionsgeschichtliche als auch systematische Gründe sprechen, fordert doch der völkervertragsrechtliche Charakter der Berner Übereinkunft eine an der konkreten Verbandsfassung orientierte Inhaltsbestimmung. Der Begriff der „einschlägigen Gesetze" kann nicht in allen Fällen aus einer konventionellen ex post-Haltung heraus interpretiert werden, dies umso weniger, je mehr sich das in Frage stehende Recht von dem der Konvention zugrunde liegenden Konzept entfernt. Es ist daher mit *Ulmer* davon auszugehen, daß die Erschließung des Begriffs der urheberrechtlichen Befugnisse im Sinne der Konventionen anhand der Auslegung der einzelnen Konventionsfassungen zu erfolgen hat.
Für das Folgerecht bedeutet das, wie *Ulmer* auch bezüglich der andernfalls unvertretbaren Ergebnisse überzeugend nachgewiesen hat[200], daß für die Berner Übereinkunft bis zur Brüsseler Fassung das Folgerecht nicht zu den auf Grund der Inländerbehandlung zu gewährenden Rechten gehört, eine Beanspruchung der in den einzelnen nationalen Rechtsordnungen vorgesehenen Rechte durch konventionsgeschützte Urheber im Verhältnis der Länder, die noch durch die Rom- oder Berliner-Fassung gebunden sind, nicht möglich ist[201].

---

196 Vgl. *Ulmer* in RabelsZ 37 (1973), 511 f.
197 Vgl. *Katzenberger*, Das Folgerecht, S. 35 ff.
198 *Ulmer* in RabelsZ 37 (1973), 499 ff.
199 *Walter* in ZfRV 1973, 110 ff.
200 Vgl. *Ulmer* in GRUR 1974, 595.
201 Die Rom-Fassung (1928) ist noch maßgebend für die Beziehungen der Bundesrepublik Deutschland zu Bulgarien, Sri Lanka (Ceylon), Island, Japan, Kanada, Libanon, Malta, Neuseeland, Pakistan, Polen, Rumänien, Tschechoslowakei, Ungarn und Zypern.

Die konventionelle Wendung ist in der Ausarbeitung des Programms seitens der belgischen Regierung zur Vorbereitung der Brüsseler Konferenz, in dem die Einführung des Folgerechts als jus conventionis vorgeschlagen wurde, sowie in der Beschlußfassung der Konferenz selbst über Art. 14bis RBÜ (Brüsseler Fassung) zu sehen. Seit dem Brüsseler Akt ist daher das Folgerecht im Sinne der Revidierten Berner Übereinkunft zu den urheberrechtlichen Befugnissen zu rechnen[202].

Für das Welturheberrechtsabkommen ist die Frage der Einbeziehung des Folgerechts auch nach Anerkennung des Art. 14bis in der Revidierten Berner Übereinkunft noch zweifelhaft. Unter Zugrundelegung der von *Ulmer* aufgezeigten Auslegungsregeln dürften jedoch die besseren Argumente dafür sprechen, daß das Folgerecht sowohl für die ursprüngliche als auch die revidierte Pariser Fassung nicht zu den urheberrechtlichen Materien gehört, auf die sich das Abkommen bezieht.

Dies ergibt sich einmal aus dem beschränkten Geltungsanspruch des Abkommens, wie er aus der Konzentration auf die sog. klassischen Bereiche des Urheberrechts folgt; darüber hinaus zeigen die Verhandlungen bei der Schaffung der Konvention, daß das Folgerecht vom Konventionsschutz strikt ausgeklammert werden sollte, da andernfalls die Staaten, deren Rechtsordnung das Droit de Suite bereits eingeführt hatten, eine Einbeziehung jedenfalls von einer materiellen Reziprozitätsregelung abhängig gemacht hätten.

Eine Verpflichtung zur Gewährung des Droit de Suite auf Grund der Inländerbehandlung kann daher für das Welturheberrechtsabkommen nicht angenommen werden[203].

bb. Die Einbeziehung der Büchereitantieme

Ähnlich wie beim Folgerecht stellt sich im Zusammenhang mit der Anerkennung der sog. Bibliothekstantieme, auf Grund deren dem Urheber in Durchbrechung des Erschöpfungsgrundsatzes für die Vermietung und den Verleih geschützter Werke in einer Reihe von Verbandsländern[204] Vergütungsrechte zugebilligt werden, sowohl für den Bereich der Berner Übereinkunft als auch des Welturheberrechtsabkommens die Frage, ob auch konventionsgeschütz-

---

Die Berliner Fassung (1908) ist noch maßgebend für die Beziehungen der Bundesrepublik Deutschland zu Thailand. (Stand zum 1. 1. 1975) Vgl. Übersicht in GRUR Int. 1975, 174 f.

[202] Vgl. *Ulmer* in RabelsZ 37 (1973), 512.

[203] Vgl. *Ulmer* in RabelsZ 37 (1973), 513; *ders.* in GRUR 1974, 599.

[204] Die Bibliothekstantieme ist bislang in folgenden Verbandsstaaten der Konventionen eingeführt worden: Norwegen, Schweden, Dänemark, Island, Finnland, Bundesrepublik Deutschland und Niederlande.
In verschiedenen anderen Verbandsländern, wie Großbritannien und Österreich wird gegenwärtig noch um die Einführung gerungen. Vgl. *Dietz* in GRUR Int. 1971, 301 ff., 302.

te Urheber im Rahmen der Inländerbehandlung die sich hieraus ergebenden Rechte in Anspruch nehmen können.
Eine solche Möglichkeit wäre dann gegeben, wenn die durch die Bibliothekstantieme vorgesehenen Rechte als urheberrechtliche Befugnisse im Sinne der Konventionen zu qualifizieren sind.
Zunächst bestehen keine Zweifel daran, daß die Bibliothekstantieme, ebenso wie das Folgerecht, im Hinblick auf die Verknüpfung mit der Weitergabe urheberrechtlich geschützter Werke, sowie ihrer Zuweisung an den Urheber, ihre Wurzel im Immaterialgüterrecht des Urhebers an seinem Werk hat. Auch beruht ihre sachliche Grundlage im konventionsrechtlichen Sinne in der allgemeinen Umschreibung des Schutzgegenstandes des Urheberrechts[205].
Eine Einbeziehung in den Schutzbereich der Konventionen scheint daher auf den ersten Blick sicher angebracht. Dennoch zwingen einige ihrer Besonderheiten zu einer differenzierten Betrachtungsweise.
So finden sich im Rahmen der Bibliothekstantieme zum einen von Land zu Land inhaltlich stark voneinander abweichende Regelungen, deren konkrete Ausgestaltung in einzelnen Fällen eine urheberrechtliche Qualifikation in Frage stellt. Zum anderen ist, nachdem es sich hierbei um ein neues Rechtsinstitut handelt, zu klären, ob und gegebenenfalls von welcher Fassung an, die Bibliothekstantieme vom Konventionsschutz als erfaßt angesehen werden kann.
Zweifel an der urheberrechtlichen Qualifikation stellen sich in erster Linie bei den Regelungen in Finnland, Dänemark, Island, Norwegen und Schweden, in denen in der erklärten Absicht der Beschränkung des Schutzes auf nationale Urheber im Hinblick auf die Verpflichtung der Konventionen[206] dem Urheberrecht fernstehende, regelmäßig im Bibliotheksrecht angesiedelte Lösungen verwirklicht wurden.
Kennzeichnend für die vorgenannten Regelungen ist die Errichtung von Schriftstellerfonds, denen in erster Linie staatliche Mittel als Kompensation für den Verleih oder die Vermietung urheberrechtlich geschützter Werke zur Verteilung an inländische Autoren zugewiesen werden, während den Urhebern selbst keine Ansprüche gegen die Bibliotheken oder ihre Träger zustehen[207].

---

205 Vgl. *v. Gamm*, Urheberrechtsgesetz, S. 410 f., *Khadjavi-Gontard*, S. 95.
206 Vgl. *Dietz* in GRUR Int. 1971, 301.
207 Vgl. in Schweden: Königliche Bekanntmachung betreffend Schwedens Schriftstellerfonds Nr. 652 vom 23. Nov. 1962 (abgedr. bei *Möhring/Schulze/Ulmer/Zweigert*, Quellen des Urheberrechts, Bd. II Schweden II, S. 35 ff.); Dänemark: § 19 des Gesetzes über Volksbibliotheken Nr. 171 vom 27. Mai 1964, die Statuten für den „Dänischen Verfasserfonds" sowie die Bekanntgabe des Unterrichtsministeriums vom 25. Okt. 1946 über die Abgabe an Verfasser u. a. für das durch staatlich unterstützte Bibliotheken erfolgende Ausleihen ihrer Bücher (zitiert nach *Dietz* in GRUR Int. 1971, 302); Norwegen: § 12 des Gesetzes über Volks- und Schulbuchsammlungen vom 12. Dez. 1947, Nr. 12 (abgedr. *Möhring/Schulze/Ulmer/Zweigert*, ibid., Norwegen S. 27) sowie die Statu-

Im Anschluß an *Ulmer*[208] ist jedenfalls hinsichtlich der Regelungen in Norwegen und Schweden davon auszugehen, daß es sich nicht mehr um die Zuerkennung urheberrechtlicher Befugnisse handelt.
Ob dies jedoch auch für die wenigstens „andeutungsweise urheberrechtliche" dänische Lösung zu gelten hat, kann nicht mit Sicherheit gesagt werden[209]. Doch dürften die Gesamtumstände ebenfalls eher für eine außerhalb des Urheberrechts liegende Regelung sprechen.
Gleiches gilt für die seit 1971 in den Niederlanden verwirklichte Lösung, auf Grund derer niederländischen Schriftstellern ein Anspruch auf eine Bibliothekstantieme für ihre Werke, die von nichtwissenschaftlichen, öffentlichen Bibliotheken ausgeliehen werden, eingeräumt wird. Der hierfür benötigte Betrag wird jedoch vom Staat in Form einer besonderen jährlichen Zuweisung an einen Literaturfonds beschafft, der die Verteilung an die Berechtigten vornimmt[210].
Anders stellt sich demgegenüber die Lage hinsichtlich der in § 27 des bundesdeutschen Urheberrechtsgesetzes nach der Urheberrechtsnovelle vom 10. November 1972[211] verwirklichten Regelung der Büchereitantieme dar[212]. Im Gegensatz zu den vorgenannten Regelungen handelt es sich hier um die Gewährung individueller Ansprüche der Urheber gegen die Bibliotheken und Diskotheken, die ihre Werkstücke vermieten oder verleihen[213]. Die Frage der urheberrechtlichen Qualifikation dürfte hier zu bejahen sein.
Dies ergibt sich einmal aus der inhaltlichen Nähe der verwirklichten Regelung zu den klassischen urheberrechtlichen Verwertungsrechten, sowie, jedenfalls als Indiz, deren systematischer Stellung[214] im Urheberrechtsgesetz im Abschnitt über den „Inhalt des Urheberrechts", unter Abschnitt „sonstige Rechte des Urhebers", in unmittelbarer Nachbarschaft zum von der Revidierten Berner Übereinkunft (Brüsseler Fassung) bereits als urheberrechtliche Befugnis anerkannten Folgerecht[215].

---

ten für den norwegischen Verfasserfonds vom 1. Febr. 1949 (zitiert nach Dietz, ibid., S. 302).
Zur Rechtslage in Finnland und Island vgl. *Kreile,* aaO.

[208] Vgl. *Ulmer* in GRUR Int. 1974, 598.

[209] Vgl. *Dietz* in GRUR Int. 1971, 301 unter Hinweis auf Art. 23 Abs. 2 dän. UG.

[210] Vgl. Cohen *Jehoram* in GRUR Int. 1974, 22 ff., 32, der jedoch darauf hinweist, daß es sich bei der niederländischen Regelung der Bibliothekstantieme zunächst um eine erste „gewissermaßen experimentelle Regelung" handelt. Eine urheberrechtliche Qualifizierung dürfte daher ebenfalls zunächst ausscheiden.

[211] Gesetz zur Änderung des UG vom 10. Nov. 1972, BGBl. I, S. 2081 = UFITA Bd. 67 (1973) S. 123.

[212] Gesamtvertrag über die Erhebung der Bibliothekstantieme („Bibliotheksgroschen") in: UFITA Bd. 75 (1976) S. 174 ff. S. auch Adolf *Dietz*, Gesetzliche Regelung und praktische Verwirklichung der Druckereitantieme, in GRUR 1976, 289.

[213] Vgl. *Ulmer* in GRUR 1974, 598.

[214] Vgl. zur Bedeutung der systematischen Stellung eines Rechts als Qualifikationsmerkmal, oben S. 112.

[215] Vgl. dazu ausführlich *Khadjavi-Gontard*, S. 94 ff.

Dies gilt auch unter Berücksichtigung der Besonderheiten der Regelung, die darin zu sehen sind, daß die Bibliothekstantieme als verwertungsgesellschaftspflichtiger Vergütungsanspruch ausgestaltet ist.
Die Beschränkung auf die kollektive Wahrnehmung ergibt sich jedoch im Hinblick auf die faktisch ohnehin kaum mögliche Eintreibung der Tantieme durch den einzelnen Urheber und ist daher als inhaltliche Besonderheit dieses Rechts für die Frage der Qualifizierung ohne Belang.
Bedenken ergeben sich darüber hinaus aus der Rechtsnatur als rein obligatorischem Vergütungsanspruch, ohne die für urheberrechtliche Befugnisse sonst kennzeichnende Ausschluß- und Sperrwirkung[216].
Ob sich jedoch aus der schuldrechtlichen Natur des Anspruchs nach § 27 UG n. F. allein eine Qualifizierung als urheberrechtliche Befugnis im Sinne der Konventionen und damit eine Einbeziehung in deren Schutzbereich verbietet, erscheint mit Rücksicht auf die im übrigen festgestellten urheberrechtlichen Bezüge sehr fraglich.
In der Tat schließen sowohl die Berner Übereinkunft als auch das Welturheberrechtsabkommen, trotz ihrer festgestellten Orientierung an eigentumsähnlichen Ausschließlichkeitsrechten[217] eine Einbeziehung schuldrechtlicher Vergütungsansprüche, sofern sich diese als aus dem absoluten Recht des Urhebers an seinem Werk abgeleitet qualifizieren lassen, in den konventionsrechtlichen Schutzbereich nicht aus[218].
Die in § 27 UG n. F. enthaltene Büchereitantieme ist daher zu den unter den Konventionsschutz fallenden urheberrechtlichen Befugnissen zu zählen[219].
Die Feststellung der urheberrechtlichen Natur der Büchereitantieme gemäß § 27 UG n. F. im Sinne der Konventionen beantwortet jedoch noch nicht endgültig die Frage, ob dieses Recht den durch die Urheberrechtskonventionen geschützten fremden Urhebern auf Grund der Inländerbehandlungsverpflichtung tatsächlich zu gewähren ist.
Wie bereits dargelegt, handelt es sich um die Anerkennung einer neuen urheberrechtlichen Befugnis, bei der, ebenso wie beim Folgerecht, zusätzlich die Feststellung erforderlich ist, daß sie zum Schutzgegenstand der jeweiligen Konvention in der im Einzelfall maßgebenden Fassung gehört[220].
Für beide Konventionen ist hierzu festzustellen, daß eine als urheberrecht-

---

[216] Vgl. *v. Gamm*, Urhebergesetz, S. 410 f.; *v. Ungern-Sternberg* in GRUR Int. 1973, 63 f., weist zutreffend darauf hin, daß entsprechend den beiden Komponenten des absoluten Rechtes, dem Benutzungs- und Abwehrrecht, unter den Inländerbehandlungsgrundsatz in erster Linie solche Rechte fallen, die Verwertungsrechte an Werken der Literatur und Kunst gewähren oder die Eingriffe in solche verbinden oder sanktionieren sollen.
[217] Vgl. oben S. 114 f.
[218] Vgl. *Khadjavi-Gontard*, S. 99.
[219] Gleiches gilt für die vorgesehene Regelung der Bibliothekstantieme in Österreich und Großbritannien, wo ebenfalls urheberrechtliche Konzeptionen verwirklicht werden sollen. Vgl. *Dietz*, aaO. in GRUR Int. 1971, 302 f.
[220] Vgl. *Ulmer* in GRUR 1974, 598.

liche Befugnis zu qualifizierende Regelung der Bibliothekstantieme zur Zeit der Revisionskonferenzen nicht vorgelegen hat.
Eine Einbeziehung auf Grund der Zugehörigkeit zum jeweiligen nationalen Urheberrechtsschutz zum Zeitpunkt wenigstens einer revidierten Fassung scheidet daher aus. Eine Regelung als jus conventionis ist ebenfalls nicht gegeben.
Dennoch sprechen die Gesamtumstände in den Fällen, in denen die nationalen Rechtsordnungen urheberrechtliche Lösungen verwirklicht haben, für eine Einbeziehung unter den Konventionsschutz.
Dies ergibt sich einmal aus der bereits festgestellten grundsätzlichen Aufgeschlossenheit der Konventionen gegenüber neuen urheberrechtlichen Befugnissen, andererseits aus dem sowohl in der Berner Übereinkunft als auch dem Welturheberrechtsabkommen verwirklichten Grundgedanken, wonach der durch die Inländerbehandlung zu gewährende Schutz, abgesehen von den konventionellen Ausnahmebestimmungen, in allen Fällen, in denen es sich um urheberrechtliche Befugnisse im Sinne der Abkommen handelt, ohne Rücksicht darauf, ob Gegenseitigkeit gewährleistet ist, sich allein nach dem Recht des Schutzlandes richtet[221].
Die Bibliothekstantieme nach § 27 UG n. F. ist somit zu den konventionserfaßten urheberrechtlichen Befugnissen zu rechnen, die konventionsgeschützten Urhebern auf Grund der Inländerbehandlung zu gewähren sind[222].
Die Rechtsstellung konventionsgeschützter Urheber läßt sich im Bereich der Bibliothekstantieme in der Bundesrepublik in folgender Weise zusammenfassen.

---

221 Vgl. oben S. 112 f.

222 Diesem Ergebnis entspricht auch die Haltung der überwiegenden Anzahl der Länder, die bislang die Bibliothekstantieme eingeführt haben oder im Begriff sind, diese einzuführen. So wurde, wie bereits ausgeführt, in den skandinavischen Ländern, um die sonst als unvermeidlich angesehene Folge der Einbeziehung konventionsgeschützter fremder Urheber, bewußt eine außerhalb des Urheberrechts angesiedelte Regelung verwirklicht, die eine Beschränkung auf nationale Urheber ermöglichte. Gleiches gilt mit Einschränkungen für die Niederlande (vgl. Cohen *Jehoram* in GRUR Int. 1974, 32). In Großbritannien, wo die Verwirklichung einer urheberrechtlichen Lösung ansteht, wird insoweit konsequent davon ausgegangen, daß eine Ausdehnung der Bibliothekstantieme auf konventionsgeschützte Urheber erforderlich ist (vgl. *Bonham-Carter*, The Author 1972, 73). Eine Ausnahme ist allein in Österreich festzustellen, wo die zunächst in der Urheberrechtsnovelle (Art. 2 des Entwurfs) vorgesehene Regelung der Bibliothekstantieme nunmehr einem Sondergesetz (Bundesgesetz über Leistungen des Bundes für das Vermieten und Verleihen von Vervielfältigungsstücken von Werken der Literatur) zugewiesen ist, das in § 4 Abs. 1 Ziff. 3 eine Beschränkung auf österreichische Staatsbürger vorsieht, ausländischen Staatsangehörigen die Vorteile nur bei Gegenseitigkeit gewähren will. In den Gesetzeserläuterungen (S. 4) wird in Verkennung der konventionsrechtlichen Grundsätze ausgeführt, daß die vorgenannte Einschränkung deswegen nötig sei, „weil es bisher ja nur in wenigen Ländern eine Regelung des sog. Bibliotheksgroschens gibt".

Die Rechte des § 27 UG n. F. stehen den ausländischen Urhebern als urheberrechtliche Befugnisse im Sinne der Revidierten Berner Übereinkunft und des Welturheberrechtsabkommens auf Grund des Inländerbehandlungsgrundsatzes in gleicher Weise wie deutschen Urhebern zu. Da es sich hierbei jedoch um verwertungsgesellschaftspflichtige Rechte handelt, ist eine individuelle Geltendmachung der Vergütungsansprüche nach § 27 Abs. 1 Satz 2 UG n. F. ausgeschlossen.
Die Wahrnehmung dieser Rechte durch die jeweiligen Verwertungsgesellschaften hängt von der Stellung der konventionsgeschützten Urheber als deren Wahrnehmungsberechtigte ab[223].
Da ausländische Urheber auf Grund der Satzungen der Verwertungsgesellschaften bisher nur im Rahmen des § 6 Abs. 1 WahrnG deren Mitgliedschaft erwerben konnten, nach der Entscheidung der Europäischen Kommission vom 2. Juli 1971[224] eine Erweiterung nur für Angehörige der EG-Staaten vorgesehen ist, bleibt es für die Wahrnehmung der sich aus § 27 UG n. F. ergebenden Rechte konventionsgeschützter Urheber bei der für die Zusammenarbeit der Verwertungsgesellschaften auf internationaler Ebene bestehenden Regelung mittels der Gegenseitigkeitsverträge.
Soweit den deutschen Verwertungsgesellschaften insoweit die Befugnisse aus § 27 Urheberrechtsgesetz n. F. zur Wahrnehmung übertragen sind, sind sie zur Geltendmachung gegenüber den Rechtsträgern der verpflichteten Büchereien und Bibliotheken auch für konventionsgeschützte ausländische Urheber berechtigt, so daß den einzelnen Urhebern als direkte Wahrnehmungsberechtigte der entsprechenden deutschen Verwertungsgesellschaft oder über ihre nationalen Verwertungsgesellschaften der Erlös aus der Bibliothekstantieme zuzukommen hat[225].

cc. Das Fotokopierproblem

Einen weiteren Bereich der Nutzung geschützter Werke außerhalb des klassischen Systems der urheberrechtlichen Verwertungsrechte bildet das im Hin-

---

223 Der in § 6 WahrnG enthaltene Kontrahierungszwang der Verwertungsgesellschaften gegenüber den berechtigten Urhebern besteht jedoch gegenüber Ausländern nur insoweit, als diese ihren Wohnsitz in der Bundesrepublik haben. Die sich hieraus ergebenden Bedenken im Zusammenhang mit dem Konventionsschutz sind von *v. Ungern-Sternberg* in GRUR Int. 1973, 64 gesehen worden; vgl. dazu grundsätzlich *Hoffmann* in UFITA Bd. 6 (1933) S. 372.

224 Seit der Entscheidung der Europäischen Kommission vom 2. Juli 1972, UFITA Bd. 65 (1972) S. 344 GRUR Int. 1973, 86 – GEMA-Entscheidung, in der die Versagung der ordentlichen Mitgliedschaft Angehörigen aus anderen Mitgliedsstaaten als gegen Art. 86 des EWG-Vertrages verstoßend angesehen wurde, erfolgte eine Erweiterung der Aufnahmebestimmungen durch § 18 der GEMA-Satzung, die nunmehr auch die Staatsangehörigen der Europäischen Gemeinschaft erfaßt.

225 Vgl. *Khadjavi-Gontard*, S. 99 f.; *Kreile*, aaO.

blick auf die moderne technische Entwicklung in den Vordergrund des Interesses gerückte Reprographiewesen[226].
Das von der heutigen Reprotechnik angebotene breitgefächerte Instrumentarium von Geräten und Methoden ermöglicht es, aus Büchern, Zeitschriften oder Mikrofilmen schnell, billig und in hervorragender Qualität einzelne Vervielfältigungsstücke herzustellen.
Die Einfachheit der Herstellung, die fehlende Kontrollmöglichkeit sowie die Möglichkeit der Substitution der herkömmlichen Werkverwertung im Zusammenhang mit Reprographien geschützter Werke haben in einer Reihe von Ländern Reformbewegungen mit dem Ziel einer stärkeren Berücksichtigung der Interessen der Inhaber der Urheberrechte bei gleichzeitiger Gewährleistung der von der Technik entwickelten Informationsmöglichkeiten initiiert.
Ausgangspunkt hierfür war die unbefriedigende Erfassung der Möglichkeiten der Reprographie in den bestehenden Urheberrechtsgesetzen.
Hierbei erwies sich in der Regel die urheberrechtliche Beurteilung von reprographischen Kopien im Hinblick auf die urheberrechtlich relevante Werkverwertung ohne Problem. So ist nach der deutschen Regelung die Herstellung einer Kopie, gleich in welchem Verfahren, grundsätzlich als dem Urheber vorbehaltene Vervielfältigung zu werten[227].
Die eigentlichen Fragen stellen sich dagegen im Zusammenhang mit den gesetzlichen Schranken dieses Vervielfältigungsrechts, auf Grund deren Verwertungshandlungen Dritter auch ohne die Zustimmung der Urheber und in der Regel auch ohne eine Verpflichtung zur Zahlung eines Entgelts zulässig sind[228]. Insbesondere die Ausnahmen im Zusammenhang mit den Vervielfältigungsmöglichkeiten im Rahmen der wissenschaftlichen Dokumentation und Information erwiesen sich als breite Einfallstore in den Schutzbereich urheberrechtlicher Verwertungsbefugnisse ohne angemessene Ausgleichsregelungen zugunsten der betroffenen Urheber und Verleger[229].
Die vielfältigen, weltweit zu beobachtenden Reformbemühungen haben zu höchst unterschiedlichen Vorschlägen geführt, die teils mit urheberrechtlichen oder urheberrechtskonformen Mitteln, teils mit Maßnahmen, die sich völlig außerhalb des Urheberrechts bewegen, versuchen, den Rechtsinhaber

---

[226] Vgl. *Katzenberger* in GRUR 1973, 629 ff.; *Kolle* in GRUR Int. 1975, 201 ff. mit ausführlichen Hinweisen.
[227] Vgl. §§ 15 Abs. 1, 16 Abs. 1 UG.
[228] Nach der Regelung der §§ 53, 54 UG umfaßt die Vervielfältigungsfreiheit zum persönlichen und sonstigen Gebrauch im reprographischen Bereich insbesondere die folgenden vier Fälle: Vervielfältigung zum persönlichen, rein privaten Gebrauch (ohne Verfolgung etwaiger beruflicher Interessen), Vervielfältigung zum eigenen wissenschaftlichen Gebrauch, Vervielfältigung zum Zwecke der Aufnahme des Werkes in ein eigenes Archiv und Vervielfältigung eines vergriffenen Werkes, sofern der Berechtigte nicht auffindbar ist; vgl. *Katzenberger* in GRUR 1973, 633.
[229] Vgl. dazu insbesondere auch rechtsvergleichend zur österreichischen, französischen, amerikanischen und englischen Rechtslage, *Katzenberger*, ibid., 636 f.

in angemessener Form an der reprographischen Vervielfältigung geschützten Materials finanziell teilhaben zu lassen[230].
Für den Bereich der Konventionen stellt sich die Frage, inwieweit die Rechtsstellung konventionsgeschützter Urheber durch derartige Veränderungen berührt wird, insbesondere ob und in welchem Umfang die Einführung von Vergütungsregelungen im Rahmen der Inländerbehandlung in Anspruch genommen werden kann.
Sofern Lösungsversuche im Rahmen der bestehenden Urheberrechtsordnungen durch Auslegung der geltenden Regeln der Vervielfältigungsfreiheit verwirklicht werden, besteht kein Zweifel, daß dies unmittelbar im Rahmen der Verweisung auf das Recht des Schutzlandes auch mit Wirkung für konventionsgeschützte Urheber erfolgt[231].
Zweifel könnten sich jedoch bezüglich der Lösungen, die zwar auch an das geltende Urheberrecht anknüpfen, letztlich auf vertraglicher Basis verwirklicht werden, ergeben. Es handelt sich hier um die Fälle, in denen die gewährten Vergütungsansprüche an das Instrument der sog. Gesamtverträge zwischen den Werkberechtigten bzw. besonderen Verwertungsgesellschaften und bestimmten Gruppen von Vervielfältigern gebunden sind.
So gestattet etwa § 54 des bundesdeutschen Urheberrechtsgesetzes auch die Vervielfältigung zum eigenen Gebrauch im Rahmen von gewerblichen Unternehmen, insbesondere soweit es sich um kleine Teile eines erschienenen Werkes oder einzelner Zeitungs- oder Zeitschriftenauschnitte handelt. Eine derartige Vervielfältigung unterliegt jedoch nach § 54 Abs. 2 UG der Vergütungspflicht[232]. Die Vergütungspflicht wird in der Praxis in der Weise realisiert, daß eine besondere Verwertungsgesellschaft, die die Rechte der Urheber wahrnimmt, mit den jeweiligen Unternehmensverbänden Gesamtverträge abschließt[233], worin deren Mitglieder zur Abgeltung der Vergütungsansprü-

---

230 Die Vorschläge reichen von den urheberrechtsfremden Lösungen einer Verstärkung staatlicher Förderungsmaßnahmen oder Beteiligung der betroffenen Verleger an der Reproindustrie über die urheberrechtskonformen Lösungen, die keinen Eingriff in bestehendes Urheberrecht erfordern, wie eigener reprographischer Dienst der Verleger, Selbststeuerung auf übervertraglicher Basis und „variable pricing" bis zu den urheberrechtlichen Lösungsansätzen, die eine Erweiterung der Vervielfältigungsfreiheit bei gleichzeitiger Einführung von Vergütungsregelungen vorsehen. Vgl. dazu ausführlich *Kolle* in GRUR Int. 1975, 205 ff.

231 Vgl. etwa die Erweiterung der „fair-use"-Doktrin in den USA in den Entscheidungen des United States Court of Claims Williams & Wilkins v. United States (180 USPQ 49, 1973) bzw. die entgegengesetzte Entwicklung in Frankreich und Österreich durch einschränkende Auslegung der Vervielfältigungsfreiheit die gegenwärtige Praxis der reprographischen Vervielfältigung in den Griff zu bekommen, Urteil des Tribunal de Grande instance de Paris vom 28. Jan. 1974 (GRUR Int. 1974, 262), bzw. Urteile des österreichischen Obersten Gerichtshofes vom 10. Dez. 1974 in UFITA Bd. 73 (1975) S. 365.

232 Vgl. *Hirsch-Kleinmann* in DB 1967, 671 ff.

233 Vgl. den Gesamtvertrag der VG-Wissenschaft (früher Inkassostelle für urheberrecht-

che verpflichtet werden, Zahlungen an diese zu leisten[234]. Nachdem diese Gesamtverträge, jedenfalls die der VG-Wissenschaft, sich nur auf die Vervielfältigung von Artikeln aus inländischen wissenschaftlichen Publikationen beziehen, fragt es sich, ob fremde konventionsgeschützte Urheber unter Berufung auf die Inländerbehandlung eine Einbeziehung in dieses Vergütungssystem verlangen können.
Wiewohl zunächst keine Zweifel darüber bestehen, daß derartige Vergütungsansprüche[235], soweit es sich dabei um dem Urheber zugewiesene Entschädigungsleistungen für erweiterte Vervielfältigungsbefugnisse handelt, als urheberrechtliche Befugnisse im Sinne der Konventionen anzusehen sind und damit grundsätzlich dem Inländerbehandlungsgebot unterliegen, ergeben sich doch bezüglich der Praxis ihrer Zuweisung an Ausländern erhebliche Probleme[236].
So erweist sich, wie auch in anderen Fällen kollektiv zu verwirklichender Vergütungsansprüche die fehlende Möglichkeit der Geltendmachung der vorgesehenen Rechte durch schlagkräftige und gut organisierte Verwertungsgesellschaften als bislang nicht überwundene Hürde auf dem Wege zur Gleichstellung konventionsgeschützter fremder Urheber mit den Inländern.
Im Ergebnis ist daher im Bereich der gesetzlichen Vergütungsansprüche für reprographische Vervielfältigungen urheberrechtlich geschützter Werke gegenwärtig eine tatsächliche Ungleichbehandlung fremder Urheber festzustellen, die nicht in Einklang mit den sich aus den Konventionen ergebenden Verpflichtungen steht, deren Abhilfe jedoch erst noch verfeinerter und universeller Instrumente der kollektiven Wahrnehmung von Vergütungsansprüchen im internationalen Urheberrechtsverkehr erforderlich macht.
Auch dem universellen Schutzprinzip des internationalen Urheberrechts, dem Grundsatz der Inländerbehandlung, stellen sich soweit Grenzen der praktischen Durchführbarkeit, die weitere Bemühungen um einen Abbau der noch bestehenden tatsächlichen Schranken der Gleichbehandlung von inländischen und ausländischen Inhabern von Urheberrechten sinnvoll erscheinen lassen.

---

liche Vervielfältigungsgebühren) und dem BDI vom 15. Juli 1970 in GRUR 1970, 546; *Samwer* in BB 1970, 1029 ff.

234 Vgl. *Kolle* in GRUR Int. 1975, 208.

235 Vgl. auch die neue niederländische Regelung auf Grund der Verordnung vom 20. Juni 1974 (abgedr. im Staatsblad von het Koninkrijk der Nederlanden Nr. 351/1974); dazu Cohen *Jehoram* in GRUR Int. 1975, 161 ff.; *Gerbrandy* in DdA 1975, 47 ff.

236 Vgl. zu dieser Problematik auch das sog. „schwedische Schulmodell" und den damit verbundenen Gesamtvertrag zwischen dem schwedischen Staat und mehreren Urheber- und Verlegerverbänden über die grafische und fotografische Vervielfältigung geschützter Werke für den Schulgebrauch – dazu Copyright 1974, 236 ff. – sowie die Reformbemühungen in der Schweiz, Skandinavien, Österreich und der Bundesrepublik – dargestellt bei *Kolle* in GRUR Int. 1975, 211 f.

FSC
www.fsc.org
MIX
Papier | Fördert
gute Waldnutzung
FSC® C083411

Kolibri 360 GmbH
Ferdinand-Jühlke-Straße 7
99095 Erfurt, Deutschland
produktsicherheit@kolibri360.de